골프가 안 되는
108가지 이유

골프가 안 되는 108가지 이유

초판 1쇄 | 2013년 4월 10일

지은이 | 김재화·최혜영
그린이 | 유환석
펴낸이 | 김성희
펴낸곳 | 맛있는책

기획 | ㈜엔터스코리아 작가세상
책임편집 | 안은주
마케팅 | 백민열

출판등록 | 2006년 10월 4일(제25100-2009-000049호)
주소 | 서울 광진구 중곡동 639-9 동명빌딩 7층
전화번호 | 02-466-1207
팩스번호 | 02-466-1301
전자우편 | candybookbest@gmail.com

ISBN : 978-89-93174-32-8 13690

Copyright ⓒ CandyBook, 2013, Printed in Korea
이 책의 저작권은 저자와 출판사에 있습니다.
서면에 의한 저자와 출판사의 허락 없이 책의 전부 또는 일부 내용을 사용할 수 없습니다.

골프가 안 되는 108가지 이유

핑계를 실력으로 바꿔줄
사례별 특급 솔루션!

김재화·최혜영 글
유환석 그림

맛있는책

차례

머리말 · 8

1 몸이 안 좋아! (신체편)

1. 어젯밤 과음했더니 · 14
2. 무릎이 아파서 · 16
3. 왼손 인대가 늘어났어 · 18
4. 옷을 너무 껴입었어 · 20
5. 골프화를 빌려신어서 · 22
6. 새벽 골프라서 · 24
7. 앞 팀 기다리다 리듬이 깨졌어 · · · · · · · · · · · · · 26
8. 햇빛 때문에 공을 못 봤어 · · · · · · · · · · · · · · · · · 28
9. 연습 스윙으로 힘을 뺐어 · · · · · · · · · · · · · · · · · 30
10. 며칠 연속으로 라운드를 했더니 · · · · · · · · · · · 32
11. 덩치가 작아서 · 34
12. 시차 적응이 안 돼서 · 36
13. 하루에 36홀은 무리야 · · · · · · · · · · · · · · · · · · 38
14. 운동신경이 둔해서 · 40
15. 팔에 힘이 없어서 · 42
16. 키가 작아서 안 돼 · 44
17. 요즘 살이 쪄서 · 46
18. 내가 살집이 좀 있었더라면 · · · · · · · · · · · · · · 48
19. 연습장에서 막 달려왔더니 · · · · · · · · · · · · · · · 50
20. 하체가 부실해서 · 52
21. 체형에 맞지 않아서 · 54
22. 잠을 제대로 못 잤어 · · · · · · · · · · · · · · · · · · · 56

2 잔디가 별로야! (환경편)

- 23. 빗물이 고여 있어서 · 60
- 24. 바람이 불어서 · 62
- 25. 그늘집이 문을 닫았어 · 64
- 26. 그린 상태가 안 좋아서 · 66
- 27. 그린이 너무 빨라 · 68
- 28. 젖어 버린 샌드벙커 때문에 · · · · · · · · · · · · · · · · · · · 70
- 29. 파3홀이 너무 길어 · 72
- 30. 잔디를 망칠까 봐 · 74
- 31. 원 그린이라면 딱 질색이야 · · · · · · · · · · · · · · · · · · · 76
- 32. 나무가 내 앞을 가로막았어 · · · · · · · · · · · · · · · · · · · 78
- 33. 맨땅에서 하려다가 실패했어 · · · · · · · · · · · · · · · · · · 80
- 34. 비 오는 날엔 벙커에서 헤어나질 못해 · · · · · · · · · · 82
- 35. 이 코스는 처음이라 그래 · 84
- 36. 양잔디가 너무 싫어 · 86
- 37. 미국 잔디는 이렇지 않은데 · · · · · · · · · · · · · · · · · · · 88
- 38. 공에 흙이 묻어서 · 90
- 39. 조명탑이 시야를 방해했어 · 92
- 40. 이게 다 날씨 탓이야 · 94
- 41. 볼이 벙커 발자국 안에 빠졌어 · · · · · · · · · · · · · · · · 96
- 42. 러프가 너무 길어 · 98
- 43. 티잉 그라운드 위치가 잘못됐어 · · · · · · · · · · · · · · 100
- 44. 공이 연못에 빠졌어 · 102
- 45. 벙커에 빠졌어 · 104

3 운이 나쁘군! (심리편)

46. 연습을 못했어 · 110
47. 그립을 바꿨더니 · 112
48. 채를 바꿨더니 · 114
49. 동반자의 훼방 때문에 · 116
50. 내기만 하면 안 돼 · 118
51. 첫 방문 징크스가 있어서 · · · · · · · · · · · · · · · · · 120
52. 연습장에선 잘되는데 · 122
53. 저 친구와 하면 안 되더라 · · · · · · · · · · · · · · · · · 124
54. 후반 나인은 꼭 죽을 쑤더라 · · · · · · · · · · · · · · 126
55. 도그렉 홀은 영 재수없어 · · · · · · · · · · · · · · · · · 128
56. 3번 공 때문이야 · 130
57. 카트만 타면 안 되더라 · · · · · · · · · · · · · · · · · · · 132
58. 레슨 프로와 궁합이 안 맞아 · · · · · · · · · · · · · · 134
59. 마누라랑 하면 안 된다니까 · · · · · · · · · · · · · · · 136
60. 이 홀에선 꼭 더블파를 하더라 · · · · · · · · · · · · 138
61. 컵이 바늘구멍 같아 보여 · · · · · · · · · · · · · · · · · 140
62. 친구들이랑 치면 실력이 안 나와 · · · · · · · · · · 142
63. 캐디가 없으니 잘 안 되네 · · · · · · · · · · · · · · · · 144
64. 하수들이랑은 안 맞아 · 146
65. 고수들과 치면 맥을 못 춰 · · · · · · · · · · · · · · · · 148
66. 난 기복이 너무 심해 · 150
67. 첫 홀, 첫 타는 꼭 이러더라 · · · · · · · · · · · · · · · 152
68. 따블 판은 꼭 오비가 나 · · · · · · · · · · · · · · · · · · 154
69. 장갑 찍찍이 소리가 거슬려 · · · · · · · · · · · · · · 156
70. 15홀이 넘어가야 되더라 · · · · · · · · · · · · · · · · · 158
71. 초반엔 잘 쳤는데 · 160
72. 나는 찬스에 약해 · 162
73. 어젠 잘되더니 오늘은 꽝이네 · · · · · · · · · · · · · 164
74. 드라이버가 잘되면 퍼트가 안 되고 · · · · · · · 166
75. 반대로 하니 헷갈려 · 168
76. 어, 오늘 왜 이래? · 170
77. 나는 물에 약해 · 172

4 이상하게 안 풀리네! (상황편)

78. 퍼터가 낯가림을 하네 · 176
79. 볼이 디봇 안에 박혔어 · 178
80. 캐디가 거리를 잘못 알려줬어 · · · · · · · · · · · · · · · · · 180
81. 드라이버 비거리가 짧아서 · · · · · · · · · · · · · · · · · · · 182
82. 상대방이 너무 뻣뻣하더라 · · · · · · · · · · · · · · · · · · · 184
83. 골프채가 싸구려라서 · 186
84. 캐디가 내 스타일이 아니야 · · · · · · · · · · · · · · · · · · 188
85. 캐디가 공을 잘못 놓았어 · 190
86. 캐디가 거리를 잘못 불러줬어 · · · · · · · · · · · · · · · · 192
87. 볼이 나빠서 · 194
88. 스윙을 바꾸는 중이라서 · 198
89. 독학은 문제가 있어 · 200
90. 거리는 딱 맞았는데 · 202
91. 골프는 방향이야 · 204
92. 스핀이 덜 먹었어 · 206
93. 쓰리피스 볼 탓이야 · 208
94. 스윙이 너무 빨라 · 210
95. 스윙이 느려서 힘이 없어 · · · · · · · · · · · · · · · · · · · 212
96. 기초가 없어서 고생이야 · 214
97. 욕심이 과했어 · 216
98. 공이 바나나를 먹었나 봐 · · · · · · · · · · · · · · · · · · · 218
99. 공이 심하게 꺾이네 · 220
100. 내 드라이버는 거리가 안 나와 · · · · · · · · · · · · · · · 222
101. 아이언이 나빠서 · 224
102. 샤프트 강도가 맞지 않아 · · · · · · · · · · · · · · · · · · · 226
103. 실수로 뒤땅을 쳤어 · 228
104. 백스윙이 커서 문제야 · 230
105. 백스윙이 너무 작아 · 232
106. 난 프로 체질인가 봐 · 234
107. 이게 다 폼 때문이야 · 236
108. 이 정도면 잘하는 거 아냐? · · · · · · · · · · · · · · · · · 238

머리말

US여자오픈 3라운드를 잘 마치고 잠자리에 든 그녀는 새벽녘 정적을 깨는 요란한 화재경보기 소리에 깜짝 놀라 속옷 차림으로 호텔 방을 뛰쳐나가야 했다. 소방차가 출동하는 등 한바탕 소동이 일었으나 다행히 진짜 화재는 아니었다. 호텔 구석구석을 점검한 소방관들은 "누군가 장난으로 화재경보기를 누른 것 같다"며 철수했다. 그녀는 화재 소동에 잠을 설치고 말았다. 아침이 밝아 대회장인 위스콘신 주 퀼러의 블랙 울프런 골프장으로 향할 때 불안감이 엄습했다. 우려했던 대로 몸놀림이 무거웠고 결국 아마추어 제니 추아시리폰과 함께 최종 합계 6오버파 290타에 머무르고 말았다.

공동 선두였지만 그녀 박세리의 우승을 점치는 사람은 그리 많지 않았다. 더구나 당시 US여자오픈은 최고 권위의 대회답게 연장전이 18홀로 치러지고 계속 승부가 나지 않을 경우 서든데스로 우승자를 가리는 전통을 따랐다. 웬만한 내공을 가진 경험자가 아니면 견뎌내기가 힘든 과정이었다. 예상대로 다음 날 박세리는 18홀 연장전에서도 1오버파 73타로 승부를 가리지 못했다. 결국 추가연장에 들어갔다. 하지만 두 번째 홀인 11번 홀에서 극적인 버디로 우승컵을 들어 올렸다.

한국서 골프 아니, 세계 여자골프를 말할 때, 박세리를 빼놓을 수 있을까? 그녀는 지난 1998년 외환위기로 온 나라가 실의에 빠져 공황상태일 때 전 국민들에게 희망을 안겨 주었다. 그해 US여자오픈에서 절망적인 순간, 양말을 벗고 물속에 들어가 스스로를 구원(救援)하며 세계의 많은 골퍼들을 구해주기도 했다. 그 후 박세리의 승승장구는 새삼 되뇌일 필요도 없는 화려한 것이었다.

그런 박세리도 오랫동안 부진의 늪에 빠져 허덕였다. 해괴한 소문들이 그녀를 얼마나 괴롭혔을까? 문제는 박세리의 공이 안 맞는 이유를 자신은 물론 주위 사람 아무도 모른다는 데 있었다. 그저 '어, 오늘 왜 이래?!'라는 말 말고는 다른 그 어떤 변명도 댈 수가 없었다. 2004년 5월 미켈럽울트라오픈에서 통산 23승을 달성한 뒤 꼬집어 설명할 만한 이유 없이 추락을 했던 것이다. 갑자기 골프가 되지 않았다. 이후 2년 동안을 마구 헤매다가 극적인 슬럼프 탈출을 한번 보였다. 2006년 6월에 자신을 세상에 알린 그 큰 대회에서 다시 챔피언으로 부활했던 것이다. 그러나 다시 6년 가까운 박세리의 침묵의 세월이 흐르고 있다.

2011년 US여자오픈에서는 류소연이 우승을 했다. 이 대회에 박세리도 출전을 했지만 성적은 미약했다. 박세리는 끝났을까? 아무도 모른다. 그건 들쑥날쑥한 당신의 골프에 뚜렷한 이유를 대기 힘들고 아무리 분석과 추측을 해봐도 명쾌한 해답이 없는 것과 같다.

한 가지 알아야 할 것은 모든 잘못된 일의 50% 이상이 대개 당사자에게 나온다고 하듯 골프의 샷 또한 원인과 책임은 골퍼 자신에게 있다고 봐야 한다는 것이다.

그러지 않은 사람들도 골프를 시작하고 나면 이것저것 핑계를 자주 대는 습관을 갖는다. 잘못된 샷의 원인을 자신의 스윙이나 상태서 찾기보다는 제3자 혹은 주위의 여건이라 생각하는 속성을 배운다. 어쩌면 안 좋은 샷에 대한 아쉬움이 증폭되어 핑계로 발전하는 것인지도 모른다. 골프 라운드를 마치고 나서 아쉬움이 남지 않은 때가 있던가. 설령 라베를 기록한 라운드라 하더라도 말이다. 하지만 아쉬움을 자기 부족함에서 기인한 것으로 여기고 해결방안을 강구키 위해 더욱 열심히 연습하는 자극제로 활용해야지 다른 핑계로 이어간다면 누구의 골프라도 더 이상 발전은 멈추고 말 것이다.

때로 사람들은 자신을 정당화 하기 위해 변명을 한다. 그렇다 해서 변명을 전혀 않고 살기는 현실적으로 힘들다. 하지만 변명하는 사람은 신뢰받지 못한다는 사실이다. 무당들을 보자. 이들이 꼭 사용하는 단어가 조상 탓이다. 특히 우리 민족에게서 조상은 특별한 존재이다 보니 조상을 존경과 탓의 대상으로 삼으면 통한다.

골퍼가 변명을 하면 조상 탓 대듯 그러려니 해주는 것이 묵계 상의 예

골프가 안 되는 108가지 이유

의이다. 골프는 갖가지 사람들이 광활한 초원에서 행하는 운동이므로, 동일한 조건에서 라운드에 임하는 골퍼는 단 한 명도 없다. 따라서 어떠한 변명을 한다 해도, 자신의 주변 환경과 상태를 함께 라운드하는 동반자도 모른다. 그래서 변명이 그럴듯하게 들리고 상대를 설득(?)할 수도 있다. 그러나 변명만 하고 나면 실력향상은 없다는 말이다.

박세리는 물론 줄리 잉스터, 톰 왓슨은 부지런히 투어에 임하고 있다. 그들이 자신의 부진을 다른 탓으로 돌리지 않고 있기에 가능한 일이다. 그렇다. 모든 라운드에서의 실수를 '내 탓'이라는 마음으로 임하면, 분명히 새로운 실력으로 도약할 수 있다고 본다. 골프가 어느 정도 수준에 오르면 기술적 문제가 아니라 '마음속 문제'가 부진의 원인인 법이다. 그 '마음의 변화'는 자기 노력에 주변 고수의 조언을 더하면 고쳐 나갈 수 있다.

골프는 백팔번뇌의 게임이라고 하지 않았던가! 당신과 다른 골퍼들의 변명을 108가지로 정리해 보되 해결책을 찾아본다.

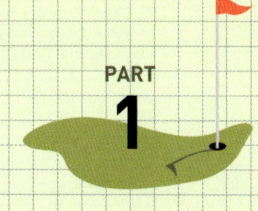

몸이 안 좋아!
(신체편)

01. 어젯밤 과음했더니

"접대하느라 밤늦게까지 술을 마셨다니 숙취 때문에 집중도 안 되고, 볼이 영 나가질 않네!"

진단

다리는 휘청거리고 입에서 술 냄새는 풍풍 풍기고 눈은 충혈되어 있고… 이것은 정말이지 골프에 대한 예의가 아니다. 남자들이 가장 많이 애용하는 골프장 핑계 1위! 그러나 전날 과음을 했다고 해서 반드시 골프를 망치는 것은 아니란 사례도 있다.

처방

국내 남자 골프 최다승(43승) 보유자 최상호 선수는 그의 생애 첫 승인 1977년 〈여주오픈〉에서 우승하기 전 날, 짓궂은 선배

골프가 안 되는 108가지 이유

들에게 끌려가 지독히 술을 많이 마셨단다. 만취가 됐지만 오히려 마지막 날 한장상, 김승학 등 당대 최고의 선수들과 같은 조로 선두 경쟁을 하면서 끝내 우승을 했으니, 술기운에 대범하게(?) 경기를 펼쳐 이긴 걸까? 그러나 최상호는 특별한 경우일 뿐이다. 사실 라운드 전날 밤에 과음을 하거나 거기다 섹스까지 탐닉하고 나온다는 것은 좋은 골프를 포기하겠다는 선언과 같다.

하지만 이때도 방법은 있다. 우선 다른 날보다 정신을 바짝 차려야 할 것이다. 나도 모르게 힘이 들어가는데, 다른 날보다 더 긴 채로 살살 친다는 생각으로 스윙을 해야 한다.

아시아 남자 골퍼 최초로 메이저 우승을 차지한 양용은 선수는 술을 극구 말리고 있다. "몇 홀은 술기운에 잘될지 모르지만 홀을 거듭할수록 결국 체력과 집중력이 떨어져 퍼팅의 예민한 터치감과 거리 감각이 흐트러진다."고 지적했다. 라운드 전날 어떤 이유를 대서라도 술자리를 피하는 게 상책이다.

스윙 하나 하나의 테크닉적인 면을 중시하는 골퍼들은 과음한 다음 날, 아예 아무 생각도 하기 귀찮을 때에 스윙이 자동적이고 본능적으로 되며 볼도 잘 맞는 역설적인 경우도 있다.

술을 마실 때는 가능한 한 물을 많이 마시고, 다음 날 홍삼액을 먹어주면 컨디션이 어느 정도는 회복될 것이다.

02. 무릎이 아파서

"오늘 무릎 상태가 안 좋네. 무릎이 아프니 다리를 땅 위에 단단히 심어 놓고 칠 수가 없잖아."

 진단 일반인이 느끼는 무릎 통증의 90% 이상이 염증 탓이라고 한다. 그런데 MRI 상에서도 판별이 거의 안 되기에, 병원에서는 일시적인 과로 탓이라고 설명하는 경우가 많다. 자, 무릎을 지탱하기 힘들어 원만한 스윙을 하기 힘든 상황인데...

처방 몸무게가 엉덩이 뒤쪽과 발꿈치에 실려 있는 골퍼들은 무릎을 내밀어 무릎을 굽히고 있는 자세로 스윙을 하게 된다. 이미 아픈 무릎의 통증이 더할 뿐 아니라 다리가 버팀목이 되지 못하고 스웨이가 되어 흔들거리고 만다. 이때 두 발꿈치 모두를 살짝 들고 어드레스하자. 스윙 내내 뒤 발꿈치가 살짝 들린 상태로 스윙하고 왼 발꿈치를 지면에 대서 폴로스루와 피니시에 이르게 하면 된다.

무릎 관절이 안 좋아 조금이라도 우측으로 밀려나가면, 오른 발바닥 중심이 새끼발가락 쪽으로 치우쳐 회전이 되지 않고 중심을 놓친다. 또한 임팩트 동작에서 좌측 발도 회전이 되지 않고 중심이 좌측으로 밀려나가 방향성과 비거리 손실이 생긴다. 그러므로 무릎이 좀 아파도 우측 다리 전체를 고정시킨다는 느낌으로 몸통 회전을 시켜야 발바닥 중심이 안정되고 임팩트 동작이 나오며, 좌측 발도 고정이 잘 되어 몸 중심이 유지된다.

쪼그려 앉는 동작이나 등산, 계단 오르내리기 등의 동작이 무릎 관절 연골에 하중을 증가시키기 때문에 조심해야 한다. 또 무거운 물건을 자주 드는 것이나 강도가 심한 일은 피해야 한다. 오메가3 지방산이 풍부한 고등어, 연어, 청어 등은 관절 건강에 도움을 준다.

무릎 통증 개선을 위한 운동으로 산책이나 가볍게 타는 자전거가 좋다고 하니, 풀밭을 걷는 골프는 적극 권할 운동이다. 과체중이나 비만의 경우 적정 체중에 비해 관절에 부담이 되는 하중이 높아 문제가 되기 쉬우니, 체중 관리에도 신경써야 한다.

03. 왼손 인대가 늘어났어

"왼손 인대가 늘어나서 손목을 펼 수가 있어야지 원!"

 인대가 늘어나게 되면 그 주변 조직들의 구조도 따라서 약해진다고 한다. 손목은 골프에서 절대적으로 사용 빈도가 높은 곳이기 때문에 약해진 상태에서 계속 사용하면 인대가 더욱 늘어난다. 뻗어야 하는 팔과 손을 뻗지 못하니 큰일이다!

 왼손 인대에 부상이 없더라도 왼쪽 손목을 굳이 펼 필요는 없다.

왼손 그립을 스트롱 그립, 즉 왼손 등이 눈에 완전히 보이게 하고 손바닥이 지면을 향하게 하여 클럽에 가져다 대고 그립하면 손목에 무리도 없고 힘이 생기며 슬라이스 샷도 없어진다.

손목의 근력이 약해졌기 때문에 근력강화 목적으로 골프를 하는 것은 바람직하다. 단, 과도하게 무게가 실려서 통증이 동반되거나 붓는 등의 무리가 오지 않는 선에서 해야 한다.

스윙 연습을 할 때 작은 동작부터 큰 동작으로 서서히 높여가야 한다. 그래야 채를 휘두르는 것에 무리가 없고 안전하게 손목을 강화시킬 수 있어서 거리가 늘어나게 된다.

진짜 조심하자. 인대 조직은 한번 손상되었다가 다시 회복된다 하더라도 인대의 길이 변화로 인해 주변 조직들이 타이트해지면서 손목의 관절운동에 제한을 줄 수 있기 때문이다.

04. 옷을 너무 껴입었어

"추워서 두꺼운 옷을 껴입었더니, 스윙이 뒤뚱뒤뚱 영 안 되네!"

 진단   초가을이나 겨울, 갑자기 추워진 날씨에 두꺼운 바람막이 등을 꺼내 입다보면 어쩔 수 없이 몸의 움직임이 둔해진다. 어깨 턴이라든가 힙턴 등에 불편을 느끼게 되고, 무엇보다 팔을 올리기도 힘들어진다.

 처방   골프장은 도시보다 온도가 3도 이상 낮다. 자, 겨울철 골프 복장에 대해서 정리해보자.
　바지는 기모가 들어있는 두툼한 등산용 바지를 입는 게 좋다. 다소 뚱

 골프가 안 되는 108가지 이유

뚱해 보인들 어떤가. 상의는 기능성 내복, 티셔츠나 목 폴라, 가볍고 편한 폴라폴리스 상의를 입은 후, 두 겹 바람막이를 걸쳐주는 것이 좋다. 얇고 보온이 잘 되며 신축성이 좋은 옷이 최상이다. 모자는 귀마개가 있는 것을 쓰고, 오른손은 손등용 장갑을 착용한다. 이렇게 얇은 것을 여러 벌 껴입는 것이, 몸 움직임이 그나마 가볍고 기온 변화에 따라 벗어 나 입으며 라운드를 할 수 있다.

겨울 골프에서는 패션이나 멋 부림을 잠시 누르자. 무엇보다도 체온을 유지할 수 있는 보온성과 활동성을 고려하여 선택해야 한다. 다시 강조하지만 두꺼운 옷을 하나 입기보다는 여러 겹의 옷을 겹쳐 입는 것이 체온유지에 도움이 된다. 또한, 두꺼운 옷은 스윙을 할 때 감각이 둔해지기 때문에 바람막이 소재가 좋다.

그러나 옷을 많이 입으면 땀이 나기 마련. 플레이 시 몸이 땀에 젖게 되면 빨리 흡수가 되도록 해야 한다. 흡수가 잘 안 되는 소재의 옷은 쉽게 감기에 걸릴 수 있기 때문이다. 피부에 접촉되는 부위의 옷은 가능하면 면 소재나 특수 기능성 소재의 셔츠가 좋다.

그동안 친구들 돈을 좀 땄다면 이 기회에 본인도 하나 장만하고 친구에게도 선물을 할 옷이 있다. 땀은 쉽게 마르지만 체온을 유지해 몸이 식는 것을 막는 기능성 이너웨어 말이다.

05. 골프화를 빌려 신어서

"사실 골프화를 빌려 신었거든. 신발이 커서 발이 안에서 노는 거 같아. 접지력이 안 좋아 계속 미끄러지네."

 진단   신발이 크거나 작으면 스윙에 영향을 초래하는 것은 맞는 얘기다. 신발 사이즈가 맞지 않으면 불편할 뿐만 아니라 발에 무리를 주게 된다. 이런 상태로 플레이를 계속하면 발 건강에도 안 좋고 실력 발휘도 할 수 없다.

처방   공과 가장 가까이 있는 신체 부위가 발이다. 공을 얼마나 잘 컨택하느냐는 발의 움직임에 좌우된다. 그래서 신발을 살 때는 발의 실측 사이즈, 즉 발 길이와 발 볼의 넓이를 정확히 알고 있어야 한다.

그런데 골프화는 작은 것 보다는 차라리 큰 게 낫다. 큰 신발 안에서 발이 노는 것을 잡으려고 애쓰면 두 발이 지면을 꽉 밟고 있어 스윙 중 두 발과 두 다리의 축이 오히려 견고해질 수 있기 때문이다. 불세출의 골퍼 샘 스니드 Sam Snead 는 맨발로 지면을 딛고 스윙 연습을 많이 했다 한다.

골퍼들이 막상 클럽이나 옷에는 신경을 쓰면서 신발에 대해서는 둔감한 경우가 많다. 신발이 편해야 몇 타라도 더 줄일 수 있다. 골프화 고를 때 주의점을 몇 가지 알려 드리겠다. 무엇보다 신었을 때, 안정감이 있어야 한다. 어드레스나 피니시 동작에서 움직임이 덜한 제품이어야 한다. 또 신발끈을 꽉 조였을 때, 그래도 편안한 것을 신어야 한다.

신발이 크거나 작으면 스파이크에 고장이 잘 난다. 스파이크가 헐거워 자주 빠져도 문제지만 너무 꽉 끼어있으면 보수 시에 불편하다. 발보다 살짝 큰 사이즈이어야 바닥에 부드럽게 접지되는 느낌이고 실제로 부드럽게 접촉된다. 골프화는 비교적 푹신한 땅에서 신는 신발이니까 쿠션은 아주 조금만 있는 것으로 해도 충분하다.

06. 새벽 골프라서

"새벽 골프라 아무래도 리듬을 타기 어렵네. 꼭 새벽에 하면 스코어가 안 나오더라."

진단 이상한 것은 골프는 새벽운동이라고 외치는 사람들이 더 자주 이런 핑계를 댄다는 것이다. 사실 새벽 시간대는 기분은 매우 상쾌하지만 아드레날린 계통의 호르몬 분비가 왕성해져 상당수 골퍼들이 새벽에 라운드를 하면 컨디션도 나쁘고 스코어도 저조하다고 한숨을 내쉰다.

처방 왜 새벽에만 유독 성적이 안 좋은 사람들이 있는 것일까. 우선 낮은 체온과 혈압 때문이다. 새벽 시간은 본인이 느끼지는 못하지만, 몸의 절반은 여전히 잠들어 있다. 새벽에 나오게 되면 제대로 피로회복이 되지 않은 근육이 움츠러든다. 릴렉스 되지 않은 상태로 스윙을 하니 리듬을 타지 못하는 스윙이 나오고 자칫 근육 손상과 부상을 입을 수도 있다.

사실 새벽 골프는 시간을 활용할 수 있다는 면 말고는 좋은 점이 별로 없어 전문가들은 권하지 않는다. 굳이 해야 한다면 티 샷 30분 전에 충분한 근육이완과 수축운동을 해줘야 한다. 근육과 관절이 밤새 이완된 상태로 있기 때문에 유연성이 떨어지고 에너지 대사와 움직임도 둔하니 이 점에도 유의한다.

첫째, 가장 기본인 그립을 충실히 했는지 살펴보자. 스윙이 원활하지 못하니 욕심을 내지 말고 지나치게 힘이 들어가는 큰 스윙을 피해야 한다.

둘째, 필드 상태를 제대로 이해하자. 새벽에는 잔디가 이슬을 머금어 습도가 높기 때문에 평소보다 비거리가 잘 나오지 않는다. 따라서 평소 치는 클럽을 사용하다 보면 아무래도 거리에서 손해를 보게 돼 성적이 저조할 수 있다.

셋째, 백번을 해도 과하지 않을 잔소리! 전날 과음에도 불구하고 새벽 골프가 잘 되리라는 기대나 포부는 애초에 포기해야 한다.

어쩔 수 없이 새벽 골프를 하게 될 경우 가장 필요한 것은 철저한 스트레칭과 준비운동뿐!

07. 앞 팀 기다리다 리듬이 깨졌어

"앞 팀이 어찌나 꾸물대던지... 기다리는 시간이 너무 길어지니 리듬이 다 깨져버렸어."

진단 느낌이 그렇다. 이 세상에서 가장 빠른 것은 골프에서 내 뒤 팀인데, 반대로 가장 느려터진 굼벵이보다 천 배는 더 굼떠 사람을 미치게 하는 것이 앞 팀이다. 적어도 5분 정도의 간격만 주고 팀 배정을 하면 좋을 텐데, 앞 팀 나가기 기다렸다가 해야 하는 것이 어쩔 수 없는 우리나라 골프장 사정이다.

처방 캐디에게 도움을 받으면 기다리는 시간을 효과적으로 활용하고 리듬감도 살릴 수 있다. 첫째 앞 팀 사람들이 서툴러서 지체되는 것이라면 캐디나 마샬에게 적당히 항의를 해서 원만한 흐름이 이어지도록 조정을 받아야 한다. 아예 양해를 구하고 앞 팀을 앞지르는 방법도 있다. '세월아 네월아~' 하고 기다려주는 것도 인간적인 면에서는 좋지만, 조금 전에 충분한 운동을 못한 근육은 다시 후속 동작을 취하고 싶어 한다. 어중간하게 쉬게 되면 힘을 잃고 말기 때문이다.

이럴 때 채를 만지작거리며 맥이 끊어지지 않도록 자신을 추스르고 빈스윙을 끊임없이 하는 것도 좋은 방법이다.

'빨리빨리'에 쫓겨 허둥대는 스윙도 좋을 리 없지만, 이전의 샷에 대한 기억이 가물가물할 정도로 기다렸다가 하는 낯선 스윙도 최악이다. 기다리는 시간엔 이미지 스윙이라도 반복해야 한다.

08. 햇빛 때문에 공을 못 봤어

"햇빛이 정면으로 비치니까, 눈이 부셔서 공을 볼 수가 있어야지."

진단 윗사람과 함께 라운드 할 때 짙은 선그라스를 쓴다는 것이 무례해 보인다고 생각하는 사람들이 많다. 그러나 맨 눈으로 강한 햇빛을 보게 되면 스윙이 무너지게 된다. 또 땅에 놓인 공만 쳐다보면 되는 줄 알고 머리를 지나치게 오래 두려다가 공은 공대로 못 보고 자세는 자세대로 흐트러지고 만 경우다.

처방 공을 치고 나면 피니시를 하면서 공이 날아가는 것을 보아야 한다. 피니시를 하면서도 공이 있던 자리를 보고 있으면 스윙 중 체중 이동이 안 되어 스윙을 망치게 된다.

골프가 안 되는 108가지 이유

해가 정면으로 비쳐 공이 보이지 않는 상황이라면 정신적으로나 육체적으로 균형감이나 안정감이 떨어지는 것이 사실이다. 일단 임팩트 순간에 최대한 집중하자.

골프 선글라스도 중요하다. 눈이 부시고 안 부시고의 차이는 특히 샷에도 엄청난 영향을 미치므로 선글라스 선택이나 사용에 각별한 주의를 기울여야 한다. 골프 선글라스는 먼저 렌즈 후사면의 반사광을 제거할 수 있는 코팅렌즈가 필수다. 잔디의 반사광까지 제거해주는 편광렌즈면 더 좋다. 색상은 그레이나 갈색, 농도는 75~80% 정도가 적당하다. 데이비드 듀발은 선글라스로 폼도 잡고, 날아가는 공도 아주 잘 본다.

얼굴에 땀이 날 때 안경이 방해가 되는 것은 사실, 그러니까 격렬한 샷에도 흔들리지 않는 '밀착형 고글 타입'이 좋다. 샷이나 퍼팅 시 초점이 흔들리면 오히려 스코어를 망치는 주범이 될 수도 있기 때문이다. 커브가 심하면 렌즈 면의 수차현상으로 어지럽고, 원근감도 달라진다.

그리고 아주아주 중요한 것 한 가지!

그린에 올라가서 라인을 잘 읽으려고 선글라스를 벗어버리는 사람들이 있는데, 아무래도 명암과 거리감에서 차이가 나기 때문에 오히려 역효과다. 처음부터 착용을 하든지, 처음부터 하지 않든지 어느 한쪽을 선택하라는 이야기다.

09. 연습 스윙으로 힘을 뺐어

"일찍 도착해서 연습 스윙을 많이 했더니, 너무 힘을 뺐나봐. 실전에서는 잘 안 되네."

진단 　오후 라운드인데, 오전 10시에 도착해 퍼팅연습 1시간에 골프장의 드라이빙 레인지에서 1시간을 때려 댄 상태다. 흔히 일찍 와서 여유 있게 준비해야 골프를 잘할 수 있다고 하는데, 세상만사가 다 그렇지만 너무 지나친 것은 부족한 것만 못하다.

처방 　과도한 연습은 근육을 피곤하게 해서 근육이 제대로 일을 할 수 없게 하고, 부족한 연습은 근육이 기억remind해야 할 내용을 소화할 수 없게 해 실력발휘showing가 되지 않는다. 힘을 뺄 정도의

골프가 안 되는 108가지 이유

많은 연습은 좋지 않다. 몸을 풀 정도로만 하고 이미지 스윙을 반복하는 것이 더 효과적이다.

라운드 하기 전의 워밍업은 연습장에서 미리 하는 10분 정도의 몸 풀기가 가장 좋다고 한다. 지나친 연습은 스윙을 망치기도 하지만, 간단한 스트레칭을 곁들인 연습 스윙은 좋은 샷을 위한 비결이다. 약간의 땀은 근육을 부드럽게 해주어 부상도 방지해주기 때문이다.

다른 데서 힘을 빼고 와서 필드에 나와 걱정이 되니 스트레칭이나 샷 연습을 지나치게 하는 경우도 있다. 전날 무거운 물건을 날랐거나 야구, 테니스 등 다른 운동을 많이 했거나 또는 섹스… 피로가 쌓인 근육에 더욱 자극을 주는 결과가 되고 만다.

연습은 실력 향상을 위해 꼭 필요한 것이다. 그러나 경기장에 와서 하는 것은 이미 늦었다. 실제 경기할 때 필요한 힘을 소진할 뿐이다.

10. 며칠 연속으로 라운드를 했더니

"며칠 연속으로 라운드를 했더니 피곤이 풀리지 않아. 도무지 실력 발휘를 못 하겠네."

주중에 부족했던 잠을 주말에 몰아서 잔다? 그런 방법으로는 피곤이 풀리지 않는다. 휴식도 지나치면 나쁜 법! 운동 역시 쉬지도 않고 계속 한다면 피로가 가중된다. 그런데 신기하게도 골프는 둘째 날 셋째 날에 더 좋은 성적이 나오기도 한다. 도대체 며칠을 연속으로 했다는 건지……

골프는 무작정 많은 연습과 많은 라운드를 한다 해서 좋아지는 것이 아니다. 미국인들은 "Practice doesn't make perfect"

란 말을 한다. 올바른 습관과 스윙으로 적당량의 연습과 라운드를 하는 것이 스윙의 발전과 스코어 향상에 도움이 된다.

최근 천하의 타이거 우즈도 라운드 중 고개를 갸웃하는 행동을 한다. 예전처럼 움직임이 활달하지 않으며, 간혹 다운스윙을 하다가 갑자기 얼굴을 찡그린 채 허리 부위를 만지거나 다리를 가볍게 절기도 한다. 이미 4차례나 왼쪽 무릎 수술을 받은 전력이 있는 우즈가 강행군을 거듭할 경우 피로가 누적될 수밖에 없는 것이다. 골프 황제도 연이은 훈련과 라운드에 지친 나머지 정작 기량을 발휘해야 할 중요한 경기에서 힘을 못 쓰는 것이다.

프로 선수들이 4라운드를 한다는 것은 20~30Km를 걷는 것이다. 체력이 강인한 그들도 힘의 안배를 잘못할 경우 뒤로 갈수록 뒷심 발휘를 못하고 헤매는 모습을 보인다. 아마추어일 경우 카트를 타기에 걷는 거리가 그 정도는 되지 않지만 한국의 골프장은 홀 간 이동거리가 멀고 오르막내리막 언덕이 많아 평지에서 하는 라운드보다는 훨씬 힘이 든다. 암튼 아마추어가 내리 연속으로 라운드를 하면서 줄곧 좋은 성적을 기대하기는 어렵다.

따라서 상금에 목을 매고 팬들의 기대에 부응해야 하는 프로가 아닌 다음에야 내리 나흘의 라운드를 뛴다는 것은 나폴레옹이 하루에 한 번씩 알프스를 넘는 것이나 다름없다. 죽는다, 죽어!

11. 덩치가 작아서

"나는 키도 덩치도 크지 않아서 거리가 안 나. 내게 파5는 이틀 걸려 갈 거리라고."

진단 파5홀에만 오면 위축되는 사람들이 있다. 그렇다고 파4에서 드라이버 거리를 여유 있게 보내지도 못하는 것이 현실이다. 그러나 생각해보라. 프로들에게는 모든 파5가 버디홀 아니던가!

처방 자, 다른 말 필요 없다. 티샷을 넉넉하게 하면 된다.
거리는 힘이 아닌 스피드로부터 오는 것이고, 그 스피드가 파워를 만드는 법이다. 파워는 펀치력, 순발력 같은 것인데 전적으로 타고 난다. 타고 나지 않은 사람은 훈련에 의해 키워야한다.

몸의 근력이나 순발력, 악력 등을 키우는 운동을 해야만 거리가 늘 수 있다. 물론 키가 크면 팔이 긴 만큼 원심력을 이용할 수 있어 장타에 좋고, 몸무게가 많이 나가면 임팩트 때 공에 몸무게를 실어 줄 수 있어 장타를 내기 쉽다. 그렇다면 키도 크지 않고 체중도 별로 나가지 않는 골퍼들이 전부 짤순이던가.

다른 노력을 좀 하시라.

첫째, 어깨 회전을 충분히 한다. 어깨 회전을 충분히 하지 못하면 힘을 축적하지 못한다. 팔만 들어 올리는 스윙으로는 쫘악 뻗는 장타를 만들어 낼 수 없다.

둘째, 체격은 조상이 만들어주지만 체력은 내가 만든다. 근력과 유연성을 키운다. 몸집이 좋지 않은 프로 골퍼가 꾸준한 운동을 통해 골프에 가장 적합한 몸을 만들어 장타를 끌어내는 것을 본다. 실내에서 하는 팔굽혀펴기나 밖에서 할 수 있는 계단 오르내리기 등을 통해 꾸준히 근력을 길러야 한다. 또한 유연성을 늘리는 가장 효과적인 방법은 스트레칭이라 했으니 시간 날 때마다 강도 높은 스트레칭을 해주면 좋다.

마지막으로, 장타자들은 하나같이 하체가 좋다. 하체 단련을 생활화해야 한다. 심지어 오리걸음으로 산을 오르는 훈련을 하는 골퍼도 있다. 일단 생활 속에서 엘리베이터나 에스컬레이터를 멀리 해라. 가급적 계단을 이용하는 것만으로도 하체가 탄탄해진다.

12. 시차 적응이 안 돼서

"이번에 해외 출장을 다녀왔더니, 아직까지 시차적응이 안됐는지 공이 영 안 맞네."

진단 시차 적응은 정말 극복하기 힘들고 상당히 괴로운 일이다. 몸의 리듬이 깨져 컨디션이 부조화를 이루기 때문이다. 그런데 가끔 우리나라와 시차가 전혀 없는 일본에 다녀 온 사람들도 그런 핑계를 대는 것을 본 적이 있다.

처방 우리 몸의 상태는 이성이 아닌 본능에 의해 좌우되므로, 아무리 노력을 해도 내 마음 같지가 않다. 그러니 지구 반대편까지 순회하며 경기를 하는 프로 선수들은 정말 위대하다 할 수 있다.

 골프가 안 되는 108가지 이유

아무튼 시차로 인해 개인의 생체 리듬이 깨지는 것은 당연한 일이고, 운동선수들이 이 시차 적응을 못해 나쁜 스코어를 내는 일도 빈번하다. 이른바 전지훈련이라 해서 해외에서는 잘 쳤는데, 국내에서는 잘 안되더라는 사람도 있다. 긴 거리 이동을 할 때, 빠른 시간 내에 시차적응을 마쳐야만 탈 없이 라운드에 임할 수 있는데 이는 훈련이 필요하다.

항공기 이동시 현지 도착시간을 고려해 기내에서부터 시차 적응을 시작해야 한다. 현지 도착이 오전이라면 비행기 내에서 잠을 청하는 것이 좋다. 만약 오후 도착이라면 기내에서 잠을 자지 않고 다른 활동으로 시간을 보내는 것이 시차 적응에 도움이 된다.

제 5회 유럽골프투어 발렌타인 챔피언십(2012.4.26 경기도 이천 블랙스톤 골프장)에 온 스타급 선수들 중, 스페인의 미구엘 앙헬 히메네스는 대회 전 인터뷰에서 "시차 적응이 되지 않으면 구름 위에 떠 있는 기분"이라며 "수면제를 이용해 시차에 적응한다."고 했다. 함께 좋은 경기를 펼쳤던 배상문은 비행기에 오르면 곧바로 취침 모드로 전환한다고 한다. 배상문은 "비행기에서 최대한 많이 자려고 노력한다. 미국이든 한국이든 현지에 도착하면 일단 낮에는 잠을 안 잔다. 낮에 집에 있으면 졸리기 때문에 연습장에 가든지, 아니면 약속을 만든다."고 말했다. 이어 그는 "술을 마신다거나 수면제를 복용하지는 않는다."고 덧붙였다.

참, 서쪽으로의 비행보다 생체리듬을 전진시켜야 하는 동쪽으로의 비행이 시차 적응에 더 오랜 시간이 걸린다는 건 아시나?

13. 하루에 36홀은 무리야

"하루에 36홀을 돈다는 게 말이 되냐고? 뒤로 갈수록 초반 기록을 다까먹게 된다니까."

 진단 엄살 부리지 마라! 군산CC에서는 한 여름철에 하루 73홀 돌기 이벤트를 한 적이 있고, 우리나라 기네스 기록 상으로는 무안CC에서 93홀을 하루에 다 끝낸 사례도 있다. 근육의 지구력은 사람에 따라 다르기는 하지만, 골프 역시 잘 견디는 스포츠라는 것을 잊지 말아야 한다.

 처방 지구력이 18홀 이상 견디기 힘든 사람은 18홀을 라운드하면서 좋은 샷을 한 좋은 스윙들을 기억해둔다. 지구력이 36홀을 견딜 수 있을 정도여서 18홀 정도의 운동으로 근육에 자극이 가지 않는다면 36홀 운동을 해도 무리를 하는 건 아니다. 근육이 피로하면 올바른 근육 메모리를 쌓기 어렵다.

남자들은 물론이고 여자대회에서도 하루 36홀 경기가 열릴 때가 있다. 지난 2006년 박세리가 건재하고 애니카 소렌스탐이 막강한 위세를 부릴 때, 미셸 위와 장정 등이 참가한 US여자오픈 최종일에 치른 36홀 경기가 한동안 입에 올랐다. 비와 안개 때문에 경기가 순연돼 최종일에 투 라운드를 하게 된 것. 그런데도 주최 측에서는 최종일 경기에 코스 전장을 더 늘렸다. 바닷가에 위치한 코스에는 황소바람이 계속 불어댔다. 사람들은 실력보다 강철처럼 강한 여성이 우승할 것이라 했다.

하루에 36홀 경기를 소화하려면 체력뿐만이 아니라 36홀 내내 강한 집중력을 유지해야 한다. 당시 그 대회 결승에 나갔던 우리의 땅콩 장정 선수가 했던 말이 마음을 짠하게 했다. "뒤로 갈수록 나는 파4 세컨 샷을 번번이 3번 우드로 해야 했다."

실력에 앞선 것이 있다. 정신력이라는 것이다. 내가 힘들면 다른 사람도 힘들다는 생각으로 임하는 수밖에 없다. 누가 잘 치느냐 보다는 누가 잘 견디느냐가 승패를 좌우하니 정신을 바짝 차려야지 뭐, 별 수 있겠는가?

14. 운동신경이 둔해서

"난 원체 운동신경이 둔해서 여태 싱글을 한 번도 못 쳐봤어."

진단 일찍 로우 핸디캐퍼가 된 사람들에게는 운동신경과 운동능력이 뛰어나다는 공통점이 있긴 하다. 그러나 언제까지 핑계만 대고 있을 것인가? 운동신경이 탁월하지는 않아도, 좋은 스승 만나 자기에게 맞는 스윙을 잘 배워서 싱글이 된 사람도 많다.

처방 골프 역시 스포츠이므로 운동신경이 뛰어난 사람이 신체적으로 유리할 수 있다. 그러나 골프는 다른 운동과는 다른 특이성이 있다. 일단 근육도 완전 다르게 쓰인다. 모두가 처음부터 새로운 것을 하나하나 배우게 되기 때문에 운동신경이 둔하든 뛰어나든 같은

 골프가 안 되는 108가지 이유

조건이다.

　유명한 야구 타자가 골프를 배웠는데, 10년을 골프스윙을 해도 슬라이스샷을 일삼으며 드라이버 샷을 200야드 이상 보내지 못하는 경우도 있다. 숨쉬기 운동만 하던, 스스로 운동신경이 전혀 없다고 생각한 주부가 골프 프로가 되는 케이스도 있다.

　물론 운동신경을 타고난 사람이란 분명히 존재한다. 같은 것을 해도 습득이 빠르다. 하지만 '운동신경 있는 사람이 꼭 골프도 잘 한다.'라고 말할 수는 없다.

　보통 스포츠에서 운동신경이라 함은 반사신경을 말하는데, 골프에서 요구하는 운동신경이란 무엇일까? 찰나의 순간에 원하는 액션을 할 수 있는 반응 능력이 골프의 운동신경이라 할 수 있다. 또한 자기가 하는 것을 스스로 깨닫는 지각력도 아주 중요하다. 즉, 자신의 몸이 어떻게 움직이는지 스스로 느낄 수 있는 능력과 자신이 원하는 대로 몸을 움직일 수 있는 능력이 골프에 있어서의 운동신경이 아닐까?

　세상의 모든 몸치들이여~! 절망하지 마라. 골프는 아무나 할 수 없지만, 또한 누구나 할 수 있으니까.

15. 팔에 힘이 없어서

"어제 벽에 못을 박았더니, 팔에 힘이 없어서 스윙이 제대로 안 되네."

진단 골프는 격한 운동이 아니라는 잘못된 생각으로 라운드 전날에도 몸의 근육을 마구 쓰는 경우가 더러 있다. 라운드 전날 100개 이상의 드라이버 샷을 때려 대는 것만 문제가 아니다. 잘 하지도 않던 집안 일, 벽에 못을 박는 일 따위를 하필이면 이때 하냐고?!

처방 고정된 자세로 어느 한쪽의 근육을 반복적으로 사용하는 것은 골프 스윙에 가장 좋지 않은 영향을 미친다. 가장 밸런스가 잘 잡힌 몸을 가진 골퍼가 가장 좋은 스윙을 할 수 있다. 골프 스윙에서는 신체의 균형이 가장 중요한 역할을 하기 때문이다.

 골프가 안 되는 108가지 이유

고스톱 칠 때 담요가 들썩거릴 정도로 힘을 주지 말자. 또 패를 내리치는 스윙도 백스윙 없이 살짝 뒤집거나 기어이 내리치는 맛을 느끼고 싶다면 차라리 오른 팔로 30여분, 왼 팔로 30여분 이렇게 번갈아 하면 나을 수도 있다.

웃기는 일화가 있다. 학생 골프 선수가 중요한 경기 전날 친구들과 장난삼아 팔씨름을 했다고 한다. 평상시 팔 힘을 자신했기에 친구들 여럿을 가볍게 제압했다. 그런데 지금 중요한 것이 팔씨름을 이기는 것일까, 곧 대 선수로 도약하기 위한 경기에서 우승이 아니더라도 상위권에 입상하는 것일까?

이 친구는 다음날 경기에서 완전 쑤었단다, 죽을! 스윙할 때 팔에 금방 피로가 오더니 평상시의 스윙이 전혀 안 되었던 것이다.

개구리가 멀리 뛰기 위해 격렬한 팔다리운동을 하던가? 몸을 부드럽게 움츠리고 있다. 제발 경기 전날 몸을 혹사시키지 말자.

16. 키가 작아서 안 돼

"나는 키가 작아서 거리가 나지 않는단 말이야! 아, 딱 10cm만 더 컸더라면…"

| 진단 | 나이가 들어서 힘이 떨어진 시니어 골퍼, 선천적으로 힘이 약한 여성 골퍼들도 드라이버 거리 빵빵 내는 거 보지 못했나? 골프 실력은 신체조건이 전부가 아니다. 비거리란 채와 기술이 조화되어 나온다는 사실을 모르고 있다. 아니면 알고 싶지 않든지…

| 처방 | 키가 작아 거리가 안 나면 반대로 키가 크면 거리가 많이 날까? 아니다. 전봇대급 신장을 가진 닉 팔도나 어니 엘스가 결코 장타자는 아니다. 어려서부터 작은 키 때문에 고민했다는 리키 파울

러는 서양인으로는 자그마한 175cm에 68kg 정도인데, 다른 거 없이 이를 악물고 '길게 치는 법'을 연구한 결과 마침내 비법을 터득했다고 한다. 그 결과 2011년 시즌 PGA투어 드라이버샷 거리 25위! 평균 비거리가 무려 299.7야드에 이를 정도가 됐다. 리키는 샷 거리를 늘리기 위해 강도 높은 웨이트 트레이닝을 하고, 백스윙 때 145도까지 어깨 회전을 하는 등, 과격할 정도의 스윙 자세를 익혔다. 물론 리키 파울러는 특별한 경우이긴 하지만, 이론이 이러니 한번 해보자는 말이다.

장타를 치는 사람은 신체 조건과 관계없이 원칙에 충실한 스윙을 한다.

첫째, 스윙은 몸통을 회전시키는 것인데 많은 아마추어들이 공을 멀리 때리기 위해 몸을 상하좌우로 움직인다. 불필요한 몸의 흔들림이 없어야 한다.

둘째, 많이 들어본 말일 것이다. 오른쪽 팔꿈치를 몸에 붙인다는 생각으로 친다. 다운스윙 때 손목 코킹이 최대한 늦게 풀리게 된다.

셋째, 체중이 발 앞이나 뒤로 이동하지 않고 계속 발바닥 중앙에 실리도록 유지한다. 채의 스위트 스팟에 정확하게 공을 맞혀야 하니 끝까지 채와 공을 보도록 하자.

이안 우스남, 장정, 김미현… 이 프로 골퍼들의 공통점이 뭘까~요?

17. 요즘 살이 쪄서

"왕년에 날씬했던 내 몸에서는 300야드도 팍팍 뿜어내곤 했는데, 이 망할 놈의 맥주 배때문에…"

진단 골프가 신의 선물이 확실한 것은 배 나온 사람도 얼마든지 잘 할 수 있는 스포츠라는 것이다. 술배 같은 소리 하지 마라. 골프는 죽도록 달려야 하는 달리기나, 미친 듯이 뛰어다녀야 하는 테니스와는 다른 운동이다.

처방 최경주, 카를 페테르손, 존 델리, 크레이그 스태들러… 이들의 공통점은 모두 PGA에서 5승 이상을 한 걸출한 골프 스타라는 점이다. 그리고 하나같이 배가 나왔다는 거다. 물론 몸무게도

골프가 안 되는 108가지 이유

100㎏ 이상 나가거나 거기에 육박한다.

　물론 비대한 몸이 골프에 적합하다는 말은 아니고 그래서 살을 찌우자는 건 더더욱 아니다. 다만 무리하게 살을 빼기도 어렵지만, 그렇다고 해도 골프실력이 향상되지 않는다는 것이다.

　미국 PGA투어 RBC헤리티지 2012년 우승자는 스웨덴의 카를 페테르손이다. 그는 키 180㎝에 몸무게는 90㎏에 육박한다. 배가 많이 나와 '저 통짜 허리로 과연 스윙이 될까?'라는 생각을 들게 하는 체형이다.

　그에게는 눈물겨운 과거가 있다. 2008년까지 투어에서 3승을 올린 후 체중감량에 들어갔던 것이다. 당시 90㎏ 안팎이던 몸무게를 더 줄여 좋은 성적을 내보자는 욕심이었다. 피가 나는 다이어트와 체력훈련 덕분에 계획대로 무려 14㎏을 줄여 슬림한 몸을 만들었다. 그런데 문제가 생겼다. 그 이후 2009년에 '톱10'은 겨우 한 번, 12차례나 예선에서 탈락했다. 그는 "갑자기 몸이 달라지니 스윙이 제대로 안됐다."고 했다.

　그는 몸을 불려 다시 예전의 실력으로 돌아갔다. 최경주도 한때 10㎏ 정도의 체중감량을 했다가 실패한 경험이 있다. 배 나온 사람들에게 희소식을 알려줄까?

　체격이 크고 배가 나온 사람은 업라이트 스윙이 좋다.

18. 내가 살집이 좀 있었더라면

"내가 몸에 살집이 좀 있다면 300야드는 거뜬하게 때리겠는데, 젓가락 몸매이다 보니 힘이 달리네."

진단 일반적으로 체중이 많이 나가는 사람이 힘이 더 좋은 것이 사실이다. 큰 망치가 작은 망치보다 힘이 더 좋은 것과 같다. 몸이 무겁게 받쳐주고 그 무게를 팔과 허리에 잘 실어 임팩트를 가할 경우 거리가 더 많이 나가게 된다. 그러나 왜소한 체격의 사람들이 장타를 치는 것을 보지 못했나? 세르히오 가르시아는 그 작은 몸뚱이를 갖고도 300야드 장타자이다.

처방

분명히 말하지만 골프는 레슬링 헤비급 경기가 아니다. 몸무게가 적게 나가는 사람도 얼마든지 장타를 날릴 수 있다. 몸무게는 적지만 복근의 근력이 강한 사람, 무작정 배만 나오고 복근의 근력이 없는 사람, 누가 더 거리를 많이 낼까? 당연히 전자다.

특별한 경우가 아니라면 쓸데없이 몸무게를 늘리려 해서는 아니 아니 아니 되오~!

복근 운동을 해주면, 골프 스윙에서 파워의 원천인 상하체의 코일링(꼬임)의 원리로 스윙이 파워풀해지고 공을 얼마든지 멀리 보낼 수 있게 된다.

만에 하나 살을 좀 찌우려 하는 사람이 있다면 꼭 알아야 할 것이 있다. 허벅지와 아래뱃살의 무게를 늘리는 것이 좋다. '골프 물리학'에 따르면 드라이버샷 거리는 무릎부터 명치 사이의 체중에 비례하는 것이라 한다.

나이 먹어 몸무게가 줄거나 반대로 아랫배가 나오는 것을 서러워할 필요가 없다. 작으면 작은 대로, 크면 큰 대로 드라이버샷 거리를 낼 수 있다. 아무리 생각해봐도 골프는 조물주가 준 최고의 선물이라니까.

19. 연습장에서 막 달려왔더니

"연습장에서 막 달려왔더니 힘이 달리네. 분명 아까는 잘 맞았었는데..."

진단 우리 모두는 경험해봤다. 초치기, 벼락치기 공부가 그다지 효과가 없다는 것을. 그런데 그럼에도 불구하고 라운드 전에 볼을 때리고 들어가는 것은 좋은 습관이다. 아마 이런 이야기를 하는 사람은 실전에서 쓸 힘을 조금도 남겨두지 않고 완전히 다 빼고 왔나 보다.

처방 연습장에서 적절하게 연습을 하고 코스에 들어가는 것은 바람직하다. 세계적 선수들도 연장전을 기다리면서 연습 볼을 때리는 것을 보지 않았는가 말이다. 그러나 라운드에 임박해서 하는 과도한 연습은 위험하다.

　1시간 뒤의 시험, 상사 앞에서 프리젠테이션을 해야 할 때, 연습이 필요할까? 당연히 필요할 것이다. 어려운 용어의 숙지나 마무리 연습은 큰 도움이 된다. 조금 전에 봤던 내용이기에 심리적 안정감도 덤으로 얻는다. 최경주는 경기 직전 기도를 하면 새로운 힘이 솟는다고 한다.

　그런데 조금 전 연습장에서 잘 맞던 스윙이 라운드에서는 어긋날 수가 있다. 그 이유는 뭘까? 연습장에 도착해 느긋한 마음으로 공을 때렸을 때는 심리적으로 몸에 나쁜 힘이 들어가지 않아 유연했기 때문이다. 그런데 그런 힘을 연습장에서 다 빼고 오니, 코스로 오면 안 좋은 어거지 힘을 쓸 수밖에 없다.

　또 조금 전에 했던 연습장 스윙은 코스의 라운드 스윙과 분명히 다른데, 이를 혼동하다가 몸에 혼란이 온다. 엄격히 보면 연습장 스윙은 하체를 고정시키고 상체 힘만을 이용하는 운동이다. 상체 근육은 많이 쓰는데 하체 근육은 거의 쓰지 않는다. 그러니 상하체를 동시에 움직여야 하는 코스에서는 자세의 균형을 잃게 되는 것이다.

20. 하체가 부실해서

"하루 종일 의자에 앉아있는 직업이다 보니 다리 힘이 약한 게 분명해. 골프는 하체 힘으로 하는 건데…"

 모든 사람이 어떻게 상하체 균형 잡힌 근력을 갖출 수가 있나? 본인의 말대로 하체가 약한 게 사실인데, 하체에 무리가 가는 정석 스윙을 하고 있는 것이 문제다. 이 경우 정석 스윙만을 고집한다면 스윙의 발전이 있을 수 없다. 가끔은 돌아가야 한다.

 골프 스윙은 상하체 밸런스가 맞아야 제대로 되는데, 특히 여러 운동이 그러하듯 하체의 적당한 힘이 뒷받침 돼야 스윙이 쉬워진다. 하체의 힘이 약해서 강한 상체 힘으로도 정상적 스윙이 어려운 경우에는 어느 정도의 테크닉이 필요하다.

일반적인 방법에서 살짝 벗어나는 스윙을 하는 것이다. 무조건 몸에 무리가 가는 강한 스윙만 하려고 하니 해결방법이 보이지 않는 것이다. 자신의 약점을 알고 인정해야 하는데 자신의 상태를 잘 모르거나, 알고서도 다른 사람의 기준에 따르려 하면 자신의 에너지를 충분히 발휘해 공을 칠 수 없다. 따라서 결과도 좋지 않다.

상하체 다 좋은 체형의 골퍼로서 스윙이 가능해지면 정석 스윙으로도 문제가 없지만 자신이 정상 체형에서 벗어나는 골퍼일 경우는 자기만의 스윙을 습득해야 한다. 당분간 정석을 벗어나는 스윙이 필요한 것이다.

그 중의 테크닉 하나! 두 발 뒤꿈치를 살짝 들고 어드레스 하여 백스윙을 한다. 다음 다운스윙을 하면서 임팩트를 지나면 왼 발 뒤꿈치를 지면에 딛고 오른발 뒤꿈치를 완전히 다 들어준다. 유용하게 써먹을 수 있을 것이다.

21. 체형에 맞지 않아서

"내 체형에 맞지 않은 스윙 방법이 몸에 붙어버린 것 같아! 도저히 고쳐지지가 않아."

 분면 건장한 남자인데, 드라이버를 200야드도 훨씬 못 보내고, 공은 좌우로 난을 치기 일쑤인 사람들이 있다. 스스로 생각해도 기본 스윙을 무시한 채 고농도의 스윙을 하는 것이다. 기본기가 부족한 스윙을 하고 있기에 실력이 더 늘지 않고 멈춰있는 것이다.

 문의 손잡이를 왼쪽에서 오른쪽으로 옮겨 달았는데, 자꾸 왼쪽으로 손이 가더란다. 서너 달 꾸준히 여닫다 보니까 드디어

손이 자연스럽게 오른쪽으로 갔다. 그런데 어느 날 불이 나서 급히 문을 열고 나가려는데, 왼쪽으로만 문을 열려고 낑낑댔다는 사람의 이야기가 있다.

습관이란 무서운 것이다. 3살 버릇 여든까지 간다고 하는데, 골프에도 어김없이 적용된다. 맨 처음 익힌 폼과 스윙이 골프채를 놓을 때까지 가기 마련이다. 중간에 교정이 가능하기도 하나 대단히 어렵다.

자신의 고유한 골프 스윙을 만들기 전에 해야 할 일이 있다. 자신의 능력이 어느 정도인지, 악성 버릇은 무엇인지를 잘 살펴서 스스로를 인정해야 한다. 처음 골프에 입문해서 스윙 기초를 다듬기 전까지는 스윙의 기본기를 만드는 과정이다. 자신의 스윙을 처음 구축할 때 잘 해야 한다.

일단은 가장 표준형인 정석 스윙을 익히려 노력하면서 동시에 전문가의 도움으로 내 특성에 맞는 스윙을 개발해야 한다는 말이다. 자기 자신도 의식하지 못한 채 만들어진 스윙이라면 분명히 계속 문제가 될 것이다.

골프스윙에 있어서는 가장 일반적이고 무난한 교과서적 스윙을 하는 골퍼는 채 10%가 안 된다고 하니, 당신도 비관할 필요는 없다. 그렇다고 화석처럼 굳어졌으니 신경 안 쓰고 이대로 가버릴 생각은 말라. 조금씩 고치면 달라진다. 우공은 산도 옮겼다는 데 뭘~!

22. 잠을 제대로 못 잤어

"어젯밤 잠을 설쳤더니 컨디션이 영 안 좋네. 몸이 붕 뜨는 거 같아."

진단 골프 평론가로 유명한 헨리 아마스코어 박사의 연구에 따르면 골프 핑계 중 가장 많이 쓰이는 말이 전날 밤의 수면 부족이라고. 충분히 푹 자지 못하면 체력이 저하되는 것은 너무나 당연! 몸에 힘이 빠지고 타석에 들어서면 앞이 흐리고 어질어질할다.

처방 수면부족은 의욕상실로 이어진다. 동반자들에게 잠 못 잤다고 너스레 떠는 사람이 많은데, 그게 자기 잘못이고 자신이 없다는 선언이지 자랑할 것은 아니다. 그렇다고 누가 봐주기라도 하나? 생체 리듬이 깨지거나 두뇌의 기능이 원활히 이루어지기 힘들 정도로 피곤하면 100% 올바른 스윙이 나오기 힘들다. 근육의 움직임은 뇌가 명령하기 때문이다. 라운드 전날 설레는 마음에 잠을 살짝 설치는 것까지는 괜찮지만, 무슨 일로든 충분한 수면을 취하지 못했다면 우선 근육이 피로하여 일하기 싫다고 파업을 해버린다. 다행히 두뇌는 사태의 심각성을 아는지라 정신을 차리려 애를 쓴다. 그러나 결국 머리도 순조롭고 올바른 명령을 내리지 못한다. 근육이 거부를 하는데 어쩌냐고!

전문가의 연구 결과를 보면, 수면이 다른 날의 3분의 1 또는 절반이 부족했다면 신체의 반응은 45% 정도 느려진다. 꼬박 밤을 새웠다면 신체 반응이 평상시의 200%나 둔해진다고 한다.

사고력과 집중력이 저하된 상태에서 힘찬 스윙이 나올 수 없고, 예민한 퍼팅 라인을 읽기가 힘들어진다.

골프는 권투나 마라톤처럼 격렬한 운동이 아니어서 잠을 좀 못 잤다 해서 큰 지장 있겠느냐는 생각부터 버려야 한다. 그리고 오늘은 좋은 스코어를 기대하기 힘드니, 큰 내기는 피하고 벙커나 숲으로 볼이 빠지지 않도록 장타보다는 단타에 의존해야 한다.

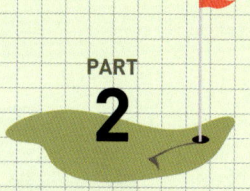

PART 2

잔디가 별로야!
(환경편)

23. 빗물이 고여 있어서

"하필이면 빗물이 고여 있는 곳에 공이 떨어지더라고. 채가 안 빠져서 제대로 칠 수가 있어야지."

 공은 바람처럼 어디로든 갈 수 있다. 나무 위에도, 근처를 달리는 자동차 보닛 위에도 떨어질 수 있다. 워터해저드 언저리나 페어웨이 위의 질퍽거리는 정도의 물이 고여 있는 곳에 떨어지는 수는 허다하다. 물속에 발을 담그고 물 밖의 공을 쳐야 하는 박세리의 상황도 벌어지고, 물 밖에서 물속의 공을 쳐야 하는 일도 생긴다.

 우선 룰부터 알아보자. 공이 물에 잠겨 있을 때, 벙커와 마찬가지로 클럽이 그 표면에 닿지 못하도록 되어 있다. 또한 루스

임페디먼트라 할지라도 벙커와 마찬가지로 그대로 치지 않으면 안 된다. 물이 탁해 빠진 공이 잘 안 보일 때, 클럽을 휘적거려 찾을 수 있을까. 가능하다. 공을 클럽으로 더듬다가 건드려도 페널티가 붙지 않는다.

자, 그런데 1타 부과로 해저드 뒤편이나 물 뒤 편에 드롭하고 치는 것이 나을지, 그냥 칠만한지는 캐디나 고수와 상의해 빨리 결정해야 한다.

2011년 PGA투어 플레이오프 최종전 '투어 챔피언십'이 열린 미국 조지아주 애틀랜타의 이스트 레이크 골프장에서 기가 막힌 일이 일어났다. 헌터 메이헌과 연장전에 들어간 빌 하스의 경우다. 하스는 연장 두 번째 홀 17번홀(파4)에서 벙커에서 친 두 번째 샷을 연못 가장자리에 떨어뜨렸고, 메이헌은 2온에 성공, 7m 버디퍼트를 남겨둔 상황! 사실상 승부가 결정난 듯했다. 그러나 하스는 침착하게 웨지를 들고 공이 물에 반쯤 잠긴 상황에서 세 번째 샷을 쳤고, 물과 함께 솟아 오른 공은 거짓말처럼 핀 60㎝에 멈춰 섰다. 혀를 내두른 메이헌은 버디를 성공시키지 못했다. 결국 파를 잡아낸 하스의 페이스에 말려 세 번 째 연장전에서 백기를 들고 만 것이다.

샷을 한 후에 넘어질 수 있기 때문에 스탠스를 넓게 잡고 정확한 임팩트를 하면 모두가 하스의 황금 샷을 흉내낼 수 있다. 끝까지 성공한다는 신념도 가지고, 옷을 버리면 어쩌나 하는 걱정은 뚝 끊고!

24. 바람이 불어서

"그린 위 상공에 바람이 많이 불었나보. 공이 제멋대로 날아가더라고."

진단 그린을 오버할 때, 공이 지나치게 잘 맞았거나 클럽 선택이 나빴다기 보다는 순간적으로 뒷바람이 분 경우일 수도 있다. 우리나라에 많은 지형, 즉 툭 트였다가 갑자기 막힌 곳이 나오는 그런 변화무쌍한 코스에서는 특히 그린 위의 바람에도 각별히 신경 써야 한다.

처방 초보자에게 어려운 것은 역시 앞바람이다. 바람은 도움과 피해를 동시에 주는 코스의 요물이다. 일단 바람이 많이 불면, 종류에 관계없이 낮게 치는 샷을 구사해야 한다. 장거리 샷이든 단거리

샷이든 그렇다. 평소보다 볼을 오른발 쪽에 가깝게, 왼발에 체중 배분을 더해서 낮고 길게 폴로스루 하는 스윙을 하면 볼은 낮지만 힘이 실려 날아간다. 임팩트를 지나며 클럽을 들어 올리는, 띄우는 동작은 바람 속에서는 금물이다.

바람은 크게 4가지로 나뉜다. 앞바람, 뒷바람, 슬라이스 타입 바람, 훅 타입 바람.

프로 선수들은 앞바람보다는 뒷바람이 더 까다롭다고 한다. 앞바람이 불 경우, 티샷은 힘을 덜 들이면 되고 그린을 공략하는 샷이라면 바람의 세기에 따라 클럽만 길게 잡으면 된다. 그러나 뒷바람은 볼을 세우는 자체가 불가능하다. 뒷바람은 백스핀을 먹여도 도중에 스핀이 풀리고, 그린에 떨어지는 순간 생각보다 런이 훨씬 많이 발생한다. 핀이 그린 앞쪽에 꽂혀있을 경우 볼을 붙일 방법이 없다. 그렇다고 짧게 공략하면 그린에 아예 올릴 수도 없다. 아마추어 골퍼들은 프로와 정반대다. 너나 할 것 없이 앞바람을 싫어하고 뒷바람을 좋아한다. 앞바람은 공을 공중에서 춤추게 한 뒤 멈추게 하므로 비거리가 현저히 줄어든다.

골프는 바람을 이기거나 친해지거나 둘 중 하나다. 바람을 극복의 대상이라 생각하지 말고 친해지는 편이 좋다. 바람에 짜증을 내거나 이기려 하면 기술적인 면은 물론이고 심리적인 면에도 악영향을 미친다.

25. 그늘집이 문을 닫았어

"좀 쉬면서 에너지를 보충해야 하는데, 오늘따라 그늘집이 문을 닫았더라고!"

진단 배가 고프면 힘만 빠지는 게 아니다. 만사가 귀찮고, 짜증스럽고 작은 일에도 화가 난다. 사람에 따라서는 어지러움을 느끼고 손까지 떨린다고 한다. 기운과 집중력을 요하는 골프에 지장을 받는 것은 당연한 일이다.

처방 우리나라에선 캐디가 카트에 물을 싣고 라운드에 임하기는 하지만, 간단한 음식까지는 준비하지 않는다. 개인적으로 간단히 요기가 되는 '에너지 Bar'나 소화가 잘 되는 과일과 빵 하나 정도는 미리 준비하여 골프백에 넣어두는 것도 라운드를 편안하게 하는 방법이다.

식사를 하지 않고 운동에 임하는 것은 기름을 넣지 않은 차의 액셀레이터만 계속 밟는 것과 같다. 차는 앞으로 나갈 수 없다. 즉 어떤 성과를 기대할 수 없다는 이야기다.

식후 얼마가 지난 후 운동을 하는 것이 좋으냐는 정확한 기준이 없지만, 음식을 먹자마자 기운을 쓰는 일은 좋지 않다. 클럽하우스나 그늘집에서 허겁지겁 먹는 음식이 소화가 잘 될리도 없다.

꼭 몸을 만드는 것이 아니더라도 운동 전의 영양 섭취는 매우 중요하다. 운동이란 몸 안의 에너지를 방출하는 것인데, 충전을 하지 않고 기운을 쓰는 것은 최종 비축 연료까지 다 소진하는 꼴이어서 위험하다.

US여자오픈 '퀸'의 자리에 오른 유소연의 가방 속을 들여다보자. 그가 대회를 치를 때마다 들고 다니는 가방 안엔 오만가지가 다 있다. 우선 요가 매트가 있는데, 프로들에게 꼭 필요한 스트레칭을 하기 위한 것이고, 햇빛에 노출되는 시간이 많으니 수분 팩도 들어 있다. 그런데 유소연 프로가 애지중지 하는 것은 운동 중 배고플 때나 집중력이 떨어질 때 필요한 에너지 젤리다.

전투식량도 없이 싸움에 임하면 쉽사리 패할 수밖에 없다.

26. 그린 상태가 안 좋아서

"오늘 그린 잔디 상태가 왜 이래? 공이 전혀 안 구르잖아."

진단   그린에 금가루라도 뿌려달란 말일까? 골프장 주인이 그린키퍼를 무지 미워하는 골프장의 그린이나 비오는 날, 이른 봄 그린은 가장 공략하기 어려운 것이 사실이다. 지면이 울퉁불퉁해 아무리 제대로 된 스트로크를 해도 공이 똑바로 가지 않을 때가 있기는 하다. 이럴 때는 3퍼트가 흔하게 나온다.

처방   때로 그린에 모래로 Top dressing 같은 작업을 할 때가 있다. 여름이나 겨울에 잔디 뿌리가 말라 죽지 않게 Vertical cutting을 하지 않을 때도 있다. 하필 이럴 때 라운드를 하면 공이 잘 구르지 않을 수밖에 없다. 그러나 모든 것은 적응하기 나름! 거기에 맞춰 퍼팅 스트로크 하면 된다. 되도록 백 스트로크는 작게, 다운 스트로크는 강하게, '때려주는 스트로크'보다 '밀어주는 스트로크'가 필요하다.

그린이 어떤 상태인지 모르니 사실 티오프 시간보다 30분 일찍 도착해 연습 그린을 이용하면 그린 컨디션을 체크하는데 도움이 된다.

그린이 둔탁해 잘 구르지 않는다 싶을 때는 평소보다 공을 강하게 쳐 뒷벽을 맞고 들어가는 형태로 퍼팅을 해야 한다. 겨울 그린은 물론이고 아직 새순이 오르지 않은 봄철 그린은 울퉁불퉁해 퍼팅 스트로크가 약하면 홀 주변에서 볼 속도가 급격하게 줄어들고 만다.

또 그린 상태가 나쁠 때는 방향보다는 거리라 했다. 생각한 방향대로 공이 굴러가지 않을 때 정확성보다는 힘에 비중을 두고 크게 오버하는 경우가 많다. 따라서 거리를 맞추는 데 신경 쓰면서 홀에 붙이는 기분으로 스트로크를 하는 것이 중요하다.

롱퍼팅일 경우에는 홀을 중심으로 반경 1m의 원을, 쇼트퍼팅일 때는 홀 앞 20㎝에 가상의 홀을 정하고 퍼팅을 하면 적어도 3퍼트를 막을 수 있을 것이다.

27. 그린이 너무 빨라

"어휴~ 그린이 빨라도 너무 빨라. 완전 유리알이네."

진단 그린이 빠르면 공이 어느 방향으로 튈지 종잡을 수가 없어 난감하다. 마치 볼이 그린의 온갖 브레이크를 다 타고 돌아다닌다고 느껴진다. 그렇다고 물을 뿌려 가며 할 수도 없는 노릇이고… 분명 난감한 상황이지만 방법은 있다.

처방 그린이 빠를 때는 오히려 때려주는 스트로크 방식이 좋다. 천천히 부드럽게 살살치는 스트로크를 하면 어디로 갈지 알 수가 없다. 브레이크를 조금만 보고 톡 때려주는 스트로크가 곧장 홀로 들어갈 기회를 만들어 줄 수 있다. 이때 손에 힘을 주어 그립을 꽉 쥐어서,

클럽헤드의 무게를 없애며 스트로크 해야 한다. 그래야 톡 쳐도 볼이 홀을 지나 멀리 달아나지 않는다.

3퍼트는 느린 그린보다는 빠른 그린에서 많이 나온다. 모처럼 레귤러 온을 시켜놓고 세 번 네 번 퍼트를 하면 얼마나 부아가 치미는가?

빠른 그린일수록 무엇보다 내리막 상황을 만들지 않아야 한다. 어프로치 샷이나 칩 샷을 할 때 미리 그린 경사를 확인해 내리막 퍼팅에 걸리지 않도록 신경 써야 한다. 그렇게까지 퍼트를 고려하면서 어프로치를 구사하는 사람이 어마추어 중에 몇이나 되겠냐고? 그러면 내리막에 걸린 경우, 두 번째 퍼팅은 다시 내리막 상황이 되지 않도록 홀을 지나가게 치는 게 현명하다. 두 번째 퍼팅 때도 내리막에 걸리면 3퍼트는 기본이고 4퍼트까지 할 가능성이 높으니까.

퍼팅 제왕 최상호도 "그린이 너무 빠를 때는 짧은 내리막 퍼팅이라도 홀에 넣기가 만만치 않으니 방향보다 거리에 신경을 써야 한다."고 말한 적이 있다.

28. 젖어 버린 샌드벙커 때문에

"여긴 골프장이 아니라 비 내린 해수욕장이야. 흥건히 젖은 샌드벙커 때문에 바로 나오지 못한 거야!"

진단　물이 흥건한 벙커에 들어갔다면 대부분의 골퍼들은 몸과 마음이 동시에 굳어버린다. 진짜 그런 상황에서 바로 못 나왔다면 그것은 당신 잘못이 아니다. 그래서 벙커 안에 물이 있었고 거기에 공이 잠긴 상황이라면 무벌타 드롭을 허용하는 것이다.

처방　벙커의 물 속에 볼이 잠기는 경우가 아니고 모래가 물에 젖어 축축하거나 듬성듬성 물이 고인 곳에서는 그대로 플레이를 해야 한다.

 골프가 안 되는 108가지 이유

이러한 때에도 탈출 방법이 없는 것은 아니다. 평상시에 공에서 5~6cm 뒤를 찍었다면, 공에서 7~10cm 뒤의 모래를 찍어서 공을 띄우면 공은 사뿐히 올라온다. 거리에 상관없이 백스윙은 충분히 해야 한다. 백스윙 톱에서 다운스윙 내려오기 전, 공에서 7~10cm 뒤, 즉 채를 떨어뜨려야 할 모래알을 한참 정확하게 째려보다가 적당한 힘을 보태 내려와야 한다.

벙커에서는 몸이 긴장되기 마련이다. 날씨가 좋고 벙커 안의 모래가 뽀송뽀송할 때도 몸이 굳는다. 하물며 비가 오는데, 비옷을 입고 들어서거나 비를 맞고 있는 상황에서의 불안감은 더욱 고조되기 마련이다. 몸의 움직임이 제약받고 정신집중이 안 되기에 자연스러운 스윙이 나오지 않는다. 이때 하체의 안정도 중요하다. 하체의 흔들림을 없애기 위해 양발을 더욱 밀착시키고 팔과 손으로 스윙을 하는 것이 좋다. 모래 깊은 곳에 채가 박히지 않도록 끝까지 채를 밀어줘야 한다는 것도 명심하자.

29. 파3홀이 너무 길어

"파3홀이 이렇게 긴데 어떻게 제 실력이 나오냐고? 정말 길어도 너무 길다."

당신은 짧아도 3온 아닌가. 그렇다고 더블보기나 트리플보기를? 한국의 골프장에도 200야드가 훌쩍 넘는 파3가 곳곳에 있다. 남서울CC 11번홀, 레이크사이드CC 남코스 11번홀, 솔모로CC 퍼시몬코스 1번홀, 스카이72CC 오션코스 8번홀 등은 거리 한번 짱짱한 파3이다. 겁나지 않을 수 없다.

드라이버, 유틸리티 우드를 사용해서 1온 하는 것은 창피한 일이 아니다. "버디나 파를 몇 개 했느냐?"고 물어보지 "어떻게 버디나 파를 했느냐?"고 묻지 않는다.

톰 왓슨은 파3홀에서 레이업, 곧 목표를 곧바로 겨냥하지 않고 우회 공략하는 것이 때론 가장 스마트한 전략이 될 수 있다고 주장했다. 아마추어 골퍼들은 선입견이나 습관에 사로잡혀 스스로의 능력을 제한시켜 버리곤 한다. 파3홀에서 무조건 그린을 겨냥해야 한다는 강박관념이 대표적인 예이다.

골프 진기록 중 재밌는 것 하나! 1959년 US오픈 챔피언 빌리 캐스퍼는 뉴욕 윙드풋CC 217야드짜리 3번 홀에 이르자 짧은 클럽을 뽑아 들었다. 당시 그 홀의 그린은 경사가 심하고 주위에는 깊은 벙커가 에워싸고 있었다. 캐스퍼는 놀랍게도 그 홀에서 단 한 차례도 그린을 노리지 않고 짧은 클럽으로 볼을 그린 앞에 떨어뜨린 뒤에 두 번째 샷으로 승부를 건 것이다. 그는 우승했다.

긴 파3에서 파 잡기 작전! 일단 그린 주변의 안전한 포인트를 찾는다. 롱아이언은 아마추어에게 어려운 클럽이니 페어웨이우드를 쓴다. 요즘 고구마라 부르는 유틸리티도 좋다. 이런 클럽은 가볍게 휘둘러도 볼이 뜨고 거리가 나온다. 따라서 거리가 긴 파3홀에서는 무리하지 않고 롱아이언보다는 약간 긴 클럽인 페어웨이우드를 잡고 가볍고 정확하게 휘두르면 된다. 미스할지라도 어느 정도 거리가 생기고 클럽을 가볍게 휘두를 수 있다는 것도 페어웨이우드의 장점이다.

30. 잔디를 망칠까 봐

"내가 명색이 이 골프장 회원이잖아. 잔디를 맘대로 팔 수가 있어야지."

진단 당신이 골프장 사장인가? 그렇다면 계속 토핑 볼 치는 사람은 골프장 주인이라고 알면 되겠군. 보통 연습 스윙 때는 잔디를 사정없이 파대더니, 막상 본 스윙에 들어가면 잔디는 조금도 건드리지 않고 볼만 친다. 그런데 문제는 공이 제대로 나가지 않는다는 것!

처방 골프는 하는 것 자체가 잔디를 훼손시키는 행위이다.
화가 난다고 일부러 잔디를 찍거나, 잘못된 연습 스윙으로 잔디를 훼손시키는 일은 없어야겠지만 클럽의 스위트스폿에 공이 잘 맞게

 골프가 안 되는 108가지 이유

하려면 채가 자연스럽게 잔디를 파고 가게 된다. 그리고 그때 비로소 공은 잘 뜨고 멀리 간다. 임팩트시 채는 공을 먼저 치고 지면을 따라 앞으로 간다. 공의 앞에 잔디가 파이는 디봇이 생기는 것이다.

연습장 인조 잔디 매트에서 아이언 연습을 할 때, 팔에 충격이 올까봐 내리 찍는 스윙을 못하는 경우가 있다. 인조 매트는 아무리 좋아져도 천연 잔디 느낌을 대체할 수 없다. 매트에서는 오히려 페어웨이우드 샷이 더 잘 되기도 한다. 그러다 보니 드라이버나 우드샷에 연습을 집중하게 되고 정확하게 잔디를 파내야 하는 아이언 샷의 감이 무뎌질 수 있다.

골프채 중 잔디를 떠내야 하는 아이언은 농기구 중 삽이나 괭이가 아닌 쟁기라고 생각해야 한다. 땅을 갈아엎지만 너무 깊이 들어가지는 않도록 만들어진 도구가 쟁기 아닌가? 페어웨이 잔디를 파는 아이언 클럽도 그와 비슷하다.

잔디를 파서 떠내지 못하고 채를 땅에 박아 꽂기만 하니, 공을 띄우지도 못하고 아이언의 제 거리도 못 내서 고민하는 사람들이 많다. 연습장 인조매트 위에서는 채가 아무런 저항을 안 받으니 피니시까지 미끄러지는데, 필드에서는 스윙이 중간에 뚝 끊겨버리곤 하는 것이다.

당구대 바닥을 파면 수선비를 내라 하지만, 잔디 팠다고 이용료 더 내라는 골프장은 없다. 그리고 잔디는 금세 또 자란다.

31. 원 그린이라면 딱 질색이야

"나는 원 그린이 정말 싫어. 이러다 포 퍼트 나오는 거 아냐?!"

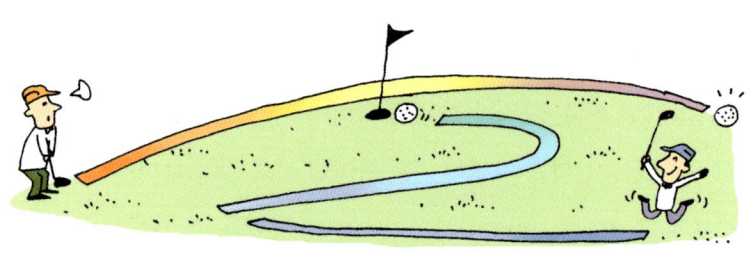

진단 알아두어야 할 것이 있다. 골프장은 원래 원 그린으로 조성되어 있고, 골프 종주국인 미국과 영국에서 투 그린은 찾아볼 수가 없다. 유독 일본과 한국에서만 관리 편의상 투 그린을 선호하는 것이다. 지금 당신은 아파트 몇 동은 세울만한 넓디넓은 그린 위에 너무 긴 퍼트를 남겨두고 있다.

처방 굴리는 것, 곧 퍼팅이 가장 성공률이 높은 법이다. 그런데 사람에 따라서는 숏게임 즉, 치핑샷이나, 피칭샷, 벙커샷이 더 자신있어 원 퍼트거리에 어프로치 샷을 해놓는 게 더 편한 경우도 있다. 차라리 긴 퍼트를 하여 3퍼트를 하는 것보다 낫기 때문이다. 그러나 제

아무리 고수라도 항상 어프로치 샷을 원 퍼트 거리에 할 수 있는 확률은 긴 퍼트를 2퍼트로 마무리 할 확률보다 적다. '잘 하는 치핑보다 못 하는 퍼팅이 더 낫다'고 했다.

퍼팅은 돈이라 하지 않았는가. 넓은 그린에 겁내지 말고 1퍼트로도 끝낼 수 있는 실력을 다듬는 것이 어프로치 샷을 하여 홀인을 하는 것보다 훨씬 쉽다. 그러니 열심히 롱퍼트 연습에 주력해 보자.

미국의 골프전문 사이트 골프닷컴이 외친 유명한 말이 있다. "모든 퍼팅은 두 번에 넣겠다는 것을 첫 번째 목표로, 한 번에 넣겠다는 것을 차선의 목표로 세워라!" 긴 거리에서 한 번에 넣기란 쉽지 않다. 하지만 한 번에 넣으려다 자칫 지나치게 길거나 짧아서 3퍼트를 범하기가 쉽다. 두 번째 퍼트로 쉽게 넣을 수 있는 거리에 붙이는 것이 우선이다.

롱 퍼트 연습법으로 '프린지 앞에 세우기'가 있다. 프린지에서 20여 미터 떨어진 그린 가운데에서 볼을 굴려 프린지 앞에 세우는 것이다. 프린지 전후 1미터 정도에 볼을 보냈다면 성공이다. 어느 정도 거리감이 익었다면, 다음엔 눈을 감고 퍼트를 한다. 딱 맞게 보내기, 약간 길게 보내기, 짧게 보내기를 예상하고 굴린다. 눈을 뜨고 예상이 얼마나 맞았는지 확인해본다.

오죽하면 롱퍼트를 '홍길동 온'이라 하겠는가? 못 넣어도 어쩔 수 없는 것이다.

32. 나무가 내 앞을 가로막았어

"이거 그린 앞에 나무가 떡 버티고 있으니, 마치 그린 위에 열리지 않는 자물쇠가 걸려있는 것 같네!"

진단   골퍼들 입장에서는 진짜 한숨이 나오는 상황이다. 시야가 확보되지 않으니 거리감도 없어지고 일단 가슴이 답답한 지경이다. 저자가 세계 각지의 유명하다는 골프장은 다 다녀봤는데, 그린 앞에 높은 나무가 있는 골프장은 오로지 한국에서만 구경할 수 있다.

처방   그린의 나무는 나에게만 보이는 것이 아니다. 조건은 누구에게나 똑같다.

그러니 불평보다는 즐기는 편이 스윙에도 도움이 되고 생각지 않은

 골프가 안 되는 108가지 이유

행운도 따른다. 불평은 근육을 긴장시키고 집중력을 흐트러지게 한다. 즐기는 마음은 근육을 적당히 흥분시켜 부드러운 스윙을 나오게 할 수 있다.

타깃에 나무가 있을 때 선택할 수 있는 방법은 볼을 띄워 나무를 넘기거나, 낮은 펀치샷으로 나무를 피하는 것! 볼을 높게 띄우려면 샌드웨지로 샷을 했을 때 볼이 나무를 넘어가는지 파악해야 할 것이다. 56도 샌드웨지 말고 추가로 60도 이상의 로브웨지가 있다면, 거리는 짧은데 넘겨야 할 나무가 있는 곳에서 사용한다. 만약 로프트가 낮은 로브웨지가 없다면 샌드웨지의 로프트를 열어 인위적인 로브샷을 시도한다. 쉽지 않지만 연습하면 볼을 띄우는 샷이 나온다. 볼은 스탠스 중앙에 놓고, 손이 약간 앞서는 핸드퍼스트 자세를 취한다. 체중은 왼발에 조금 더 실어주고 업라이트한 스윙으로 다운블로샷을 하면 볼에 백스핀이 걸려 그린에 떨어진 후 바로 멈출 수 있다. 쉬운 샷은 아니다. 그렇다고 안 되는 샷도 아니다.

로브웨지도 없고 띄우는데 자신도 없다면 나무를 피하거나 낮게 깔아서 그린을 공략해야 한다. 미들아이언 정도를 짧게 잡고, 볼이 뜨지 않도록 가볍게 치는 것이다. 이때 그린의 좌우측 중 온그린이 유리한 곳을 선택하고, 볼이 낮게 날아가는 거리와 구르는 정도를 정확히 파악하는 것이 중요하다. 스탠스를 좁히고 볼은 중앙에서 약간 우측에 두면 공을 낮게 뻗어가도록 할 수 있다.

33. 맨땅에서 하려다가 실패했어

"그린의 잔디가 나를 향해 나있더라고. 숫제 잔디가 없는 맨땅에서 칩샷을 하려다 실패한 거야"

진단 당신은 그린 근처까지 잘 왔다. 그런데 이게 웬일인가. 주위가 마치 털 빠진 생쥐마냥 그저 맨들맨들 맨땅이다. 이런 상황에서 대부분 당황하다가 실수를 하는 경우가 많다. 퍼트를 하든가 조심스럽게 토핑을 해서 칩샷을 하면 붙일 수 있다.

처방 오히려 이런 상황에서 칩샷이 쏙 들어가 버디를 잡을 수도 있다. 아무리 완벽하게 스윙이 되어도 잔디 상태, 주변의 모든 상황에 의해 샷의 결과는 바뀔 수 있다. '운칠기삼'이란 말이 있다. 골프에도 적용된다. 올바른 연습은 하지 않고 운만 기다리는 사람에게는 결코 '샴'의 운도 오지 않는다.

볼 쪽으로 잔디가 향하고 있을 경우. 즉 역결인 경우 어프로치나 퍼팅 때 볼이 덜 구른다. 이때는 어프로치샷을 좀 방어적으로 해야 한다. 잔디가 깎여있지 않을 때 칩샷으로 굴리는 볼이나 퍼팅한 볼도 생각만큼 구르지 않는다.

그린 근처 잔디가 거의 없는 곳에서 제일 미련한 샷이 샌드웨지 같은 것으로 띄우려는 것이다. 잘 나가지 않거나 뒤 땅 또는 공의 머리를 때리는 토핑이 생기기 쉽다. 7, 8번 등의 미들 아이언으로 탄도를 낮게 굴려 공략 하는 것이 최선의 방법이다. 동반자가 친 볼이 그린에서 얼마나 구르는지 주의 깊게 보는 것도 아주 중요하다.

요즘은 그린뿐만 아니라 그린을 벗어난 곳, 턱이 낮은 벙커에서 퍼터를 사용하는 것을 간혹 본다. 퍼터를 그린 밖에서 사용할 때 특별히 '텍사스 웨지'라고 부른다. 미국 텍사스지방에서는 특유의 날씨로 인해 그린 밖에서도 퍼터를 많이 사용하는데 거기서 유래하지 않았나 생각한다.

그런데 텍사스 웨지를 사용할 때에는 먼저 볼 주위의 상태를 면밀히 관찰해야 한다. 볼과 홀 사이에 잔디가 많이 나있거나, 잔디가 나를 향해 노려볼 때는 다소 세게 치는 과감함이 필요하다.

34. 비 오는 날엔 벙커에서 헤어나질 못해

"비 오는 날, 벙커 안에 한 번 들어갔다 하면 완전히 개미지옥이야!"

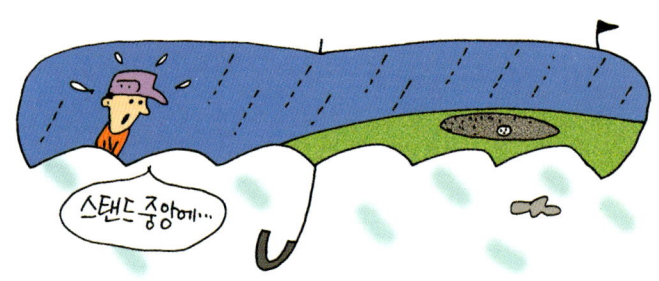

진단 평상시의 벙커가 아닌 축축한 벙커는 골퍼를 우선 심리적으로 위축시키는 것이 사실이다. 그러나 비가 오는 날이 아니더라도 페어웨이에 물을 주기 위해 스프링클러로 물을 뿌리다 보면, 벙커에 물이 흘러 들어가 젖는 경우도 있다.

처방 여름철의 라운드는 비가 올 확률이 그만큼 많으니 그린 페어웨이, 또 벙커가 젖는 사태를 대비해야 한다. 차라리 벙커 안에 물이 고여있으면 꺼내놓고 치기라도 할 텐데 말이다. 이러한 경우에 벙커에 볼이 빠지게 된다면, 아마추어 골퍼들 중 백돌이 뿐 아니라 고수들도 당황하게 된다.

모래에 물이 스미면, 모래가 무겁게 가라앉으면서 응집력이 생기고 더욱 단단하게 된다. 보통 때의 모래하고는 완전히 달라지는 것이다.

이때 골프 좀 친다는 필자도 실수를 하는데, 상당수 보기돌이들은 이러한 경우에 공이 그린을 훌쩍 넘어버리게 치고 만다. 공은 이미 떠났는데, 샌드웨지로 다시금 모래를 파고 고무래를 찍어본들 기분도 풀리지 않고 다음 샷에 도움도 되지 않는다.

무엇이 문제일까? 젖은 모래에서 클럽페이스를 너무 오픈시키지 않았는지 살펴볼 일이다. "어, 그린 근처의 샌드샷은 페이스 오픈이 기본인데?"라고 하시겠지만, 딱딱한 모래에서는 클럽페이스의 밑면인 솔이 바운스 효과를 증대시켜서 클럽이 튀어나오게 만든다.

이때 볼은 스탠스의 중앙에 위치하도록 하며, 스윙 또한 보통의 어프로치 때와 동일한 스윙을 구사하면 좋아진다. 벙커의 턱이 낮은 경우에는 굳이 샌드웨지로 탈출을 시도할 필요가 없다. 심지어 퍼터를 사용해도 룰에 걸리지 않으며 경찰차 출동하지도 않는다. 다만, 볼이 땅에 박혀 있는데도 퍼터를 쓰려고 하는 건 아주 무모한 일이니 지양할 것!

35. 이 코스는 처음이라 그래

"처음 와본 코스여서 어디가 어딘지 전혀 모르겠군. 오늘은 영 자신이 없네."

 진단 객지의 달은 고향 하늘에 뜨는 달과 다른 줄 아나? 달은 다 같은 달이다. 골프장도 결국은 다 비슷비슷하다. 총론은 같고 각론만 다를 뿐! 늘 가던 곳이 아니라고 어리벙벙해 하거나 자신 없어 할 필요가 없다.

 처방 골프장에 대한 정보가 없을 경우에는 스코어북의 코스 도면을 자주 확인하고 도우미와 자주 오는 동반자에게 코스정보를 상세히 습득하면 된다.

또한 요즘은 스크린골프장에 내가 안 가본 코스도 그대로 있기에 미리 정보를 알고 갈 수도 있다. 우리는 살면서 이 세상 무수한 것을 처음 대하게 된다. "처음 와 본 코스여서..."라는 핑계는 본인이 게으르다는 것이고, 게임에 자신이 없다는 것이니 결국 질 수밖에 없다. 골프는 언제나, 어디서나, 어떤 상황에서나 새로운 'Challenge' 아니던가. 도전을 즐기는 용기가 필요한 스포츠이다.

티샷을 하러 타석에 올라설 때마다 "언니야, 이 홀은 어디를 보고 쳐야 돼?"라고 묻는 사람이 있다. 골프대회 중계를 보면서 뭔가를 좀 배우시라. 선수들이 바지 뒷주머니에서 손바닥만한 수첩을 꺼내 보는 것을 종종 접하곤 하는데 이게 '야디지북 Yardage Book'이라는 것이다. 이 소책자엔 선수 자신이 연습 라운드를 돌면서 확인한 코스 정보가 빼곡이 담겨있다. 여기엔 홀의 거리와 파는 물론 볼 낙하지점의 라이, 벙커와 해저드, 스프링클러, 배수구 위치와 그린의 경사까지 메모돼 있다. 이 정보를 토대로 플레이하는 것이다.

당신도 프로의 흉내를 낼 수 있다. 스코어카드만 봐도 어느 정도 홀의 정보를 스스로 접할 수 있다. 거기에 홀의 거리와 파는 물론 전체 코스의 배치가 다 나와 있다. 라운드 전에 경기과에 들러 스코어 카드를 하나 달라고 하면 돈 안 받고 그냥 주니 꼭 챙기시라.

36. 양잔디가 너무 싫어

"이건 뭐 양탄자도 아니고, 이 놈의 양잔디는 너무 짧아서 맨땅을 때리는 것 같구만!"

 진단 공 뒤의 잔디를 가격하지 못해 토핑을 일삼는 경우라고 할 수 있다. 그러나 어쩌랴~! 골프가 우리나라 잔디밭에서 생겨난 것이라면 양탄자 같은 짧은 잔디 위에서 하지 않았을 것이다. 그래서 한국의 골프장도 양잔디로 자꾸 바뀌어 가고 있다.

 처방 이제 당신은 잔디 종류에 따른 샷의 특성을 알 때도 됐다. 당신이 보기돌이건 백돌이건, 골프를 한다면 꼭 알아야 할 것이 잔디 특성이란 말이다.

  페어웨이 샷을 찍어 치는 샷으로 익히지 못한 상당수 골퍼들은 양 잔디나 잔디 길이가 길지 않은 골프장에선 주로 토핑 샷이나 옆구리나 머리 때리는 것을 면했다 하더라도 공이 잘 뜨지 않는 샷을 하게 된다.

  우리나라 잔디는 사실 지면으로부터 풀이 길게 올라와 내리 찍어 치는 스윙 구사를 하지 않더라도 클럽이 공을 가격하고 공 아래 잔디 밑으로 내려갈 수 있어 별 어려움 없이 공이 뜨게 되는 것이다. 길게 자란 풀에 익숙한 한국 골퍼들은 맨땅처럼 느껴지는 서양 잔디에 당황하는 것이 사실이다.

  그래서 한국의 프로들이 외국에 가서 그쪽 프로들과 시합을 하면서 가장 부러워 하는 점이 페어웨이 샷이 많이 뜨고 멀리 간다는 것이다. 한국 프로들은 한국 잔디에서 찍어 치는 연습을 별로 하지 않아 공이 많이 뜨지 못하는 것이다.

  한국의 잔디가 계절적으로 짧아졌을 때, 또는 아주 짧게 깎아놓았을 때 찍어 치는 연습을 자주 해야 한다. 특히 연습장의 매트는 짧은 잔디와 비슷해 찍어 치는 연습을 하기에 좋다.

37. 미국 잔디는 이렇지 않은데

"난 미국에서 골프를 배워서 그런지, 한국 잔디에서는 샷이 잘 안돼~"

진단   골프를 미국에서 배웠건 한국에서 배웠건 달나라에서 배웠건 원리와 환경은 똑같다. 물론 양잔디 위에서 늘 뒤를 찍는 방식에 익숙한 사람이라면 잠깐 한국의 무성한 잔디가 부담이 될 수도 있을 것! 그러나 볼이 떠있으니까 더 쉬울 수도 있다.

처방   길고 무성한 한국 잔디에서 찍어 치는 스윙을 하면 스카이 샷의 문제점이 생기기는 한다. 긴 잔디 위에 공이 앉아 있으면, 클럽의 리딩 에지가 공을 치고 긴 잔디 속으로 클럽이 푹 들어가게 되어 공이 클럽페이스의 스위트 스폿보다 위쪽에 컨택되는 수가 있기 때문이다.

공이 스위트 스폿 위쪽에 맞게 되면 클럽 페이스가 뒤로 젖혀지며 로프트가 커져서 공이 곧장 위로 높이 뜨게 되는 스카이 샷이 나오게 되는 것이다. 이러한 상황에서는 찍어 치는 스윙보다 쓸어 친다는 느낌으로 바꿔야 한다. 그렇다고 너무 옆으로만 쓸어 치는 생각을 하게 되면 오히려 원치 않은 끔찍한 토핑 샷이 나오게 될 수도 있으니 조심해야 한다. 그래서 '클럽을 지면에 떨어뜨린다.'는 이미지 트레이닝이 좋은 것이다.

한국형 잔디가 페어웨이 위에 2.5cm 정도로 잘 조성되어 있다면 샷은 용이해진다.

신발이 잔디에 약간 묻히니 공이 발보다 살짝 높은 상황이 된다. 클럽 그립을 손가락 한마디 정도 짧게 하는 것이 좋다. 결국 가파른 다운블로우 샷보다는 부드럽게 밀어 친다는 느낌을 가져야 한다.

봄여름이 되면 한국 잔디는 무성하지만 미끄러운 상태로 자란다. 따라서 솔 부분의 저항이 적어 특히 페어웨이우드의 임팩트가 의도된 대로 잘 나온다.

한국형 잔디 만세!

38. 공에 흙이 묻어서

"공의 마크가 보이지 않을 정도로 흙이 많이 묻어서, 공이 제멋대로 날아가네."

진단 다른 때는 공을 슬쩍슬쩍 건드려 옆으로 살짝 움직이게도 하고, 아예 좋은 잔디 위에 올려놓고 치는 사람이 곁에 동반자가 있으면 공에 절대 손대지 않는다. 닦아도 되는 볼을 닦지 않으니 공이 엉망으로 날아가게 되는 것은 인지상정!

처방 공에 흙이 많이 묻어 공의 마크가 보이지 않을 정도라서 플레이가 힘든 상황일 경우는 동반자와 경기위원회 허가를 받아 구제를 받을 수 있다. 아마추어들은 웬만큼만 흙이 묻어도 집어서 닦아도 되느냐고 형식적 허락을 득한 후, 공을 닦아서 그 자리에 다시 놓는다. 이때 어깨높이에서 떨어뜨리는 드롭drop이 아니라 있었던 자리에 놓는 플레이스place를 한 다음 경기를 재개하면 된다.

비가 온 직후 등, 공에 진흙이 많이 묻는 상황에서는 대회 룰이나 로컬 룰, 또는 그것보다 우위에 있는 법인 '인정 룰'로서 구제를 받는데, 이를 'Lift and clean 룰'이라 한다. 설명한대로 마킹하고 공을 집어 들어서 닦은 다음 원위치 시키는 것이다.

좀 더 전문적인 내용을 설명하자면 어느 특정 기간이나 특정한 날, 만성적으로 페어웨이 상태가 안 좋아지는 코스의 경우에는 Preferred lies 룰(or Winter rules)을 적용할 수 있는 것이다. 이때 볼이 있던 곳을 표시하고 공을 집어든 다음 닦아 원위치에서 홀에 가깝지 않게 6인치 이내 혹은 1클럽 이내에 플레이스 할 수 있다.

골프 룰이 그렇게 살벌하지만은 않다. 흙 묻은 공, 억지로 치려고 하지 마시라.

골프 발상지 영국은 공의 상태가 아주 안 좋을 경우에는 러프에서도 적용시켜 준다.

39. 조명탑이 시야를 방해했어

"바로 앞에 조명탑이 있어서... 다행히 걸리지는 않았지만 시야가 방해돼서 제대로 못 쳤어."

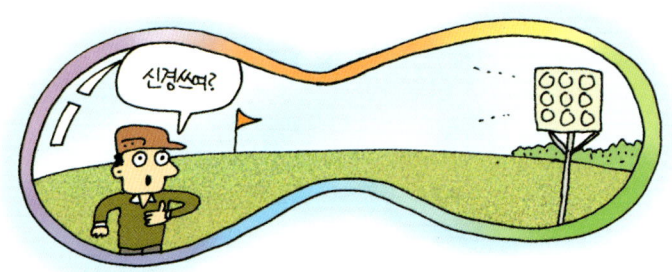

진단 퍼팅 때 동반자나 캐디가 앞에 서서 시야를 방해하는 수가 있다. 신경이 많이 쓰인다. 그러나 골프장 코스의 인공 조형물은 발이 달리지 않았다. 움직이지도 않고 원래 있던 자리에 그대로 있는데, 뭐가 방해가 된다는 건지...

처방 시야에 방해가 되는 요인은 철저히 제거해야 한다. 눈앞에 뭔가가 어른거리면 당연히 스윙이 힘들다. 골프에서는 감각 중 눈이 가장 중요한데 시선에 혼란이 오는 건 아주 나쁜 샷을 만들어낼 수 있는 위험한 것이다.

눈으로 보고 목표를 정하고 목표에 몸을 맞추면 모든 이미지가 두뇌에 기록된다. 이 두뇌에 기록된 내용들이 뇌에 명령하고 뇌의 명령에 따라 몸이 움직이고 스윙하게 된다. 그런데 없어야 할 것이 눈앞에 있으면 그 내용마저 뇌가 기억하고 명령하는 또 하나의 첨가되는 factor(요소)가 되고 만다. 결국 몸을 움직이는 스윙에 직접적인 영향을 주게 되는 것이다.

앞의 조명탑을 뽑으라고 할 수는 없다. 그러나 인위적인 시야 방해물은 사전 차단이 얼마든지 가능하지 않는가. 내 퍼팅 라인을 밟고 가서 일직선상에 떡하니 서있거나 뒤에서 지켜보는 사람은 이 세상에서 가장 큰 목소리로 내쫓아도 된다.

그린 근처에 고무래나 먼저 간 사람의 클럽 같은 것들이 놓여 있을 때가 있다. 역시 시야에 방해를 주는 인위적인 물품들이다. '저거 맞으면 안 되는데...' 하다가 진짜로 맞추는 수가 허다하다.

가끔 앞 팀이 세컨샷을 하자마자 치는 사람이 있다. 캐디가 시켜서 그러기도 하는데, 이 또한 사람이 있는 방향으로 공을 친다는 것이 맘이 편치가 않아 위축되는 샷이 나오니 피하는 것이 좋다.

40. 이게 다 날씨 탓이야

"나는 링크스 코스 스타일이 아니야. 날씨에 영향을 받는 이런 대회를 좋아하지 않아."

진단 링크스 코스는 해안지대에 조성된 골프 코스를 말한다. 해안지대이다 보니 날씨가 변덕스러운 것은 당연하다. 위의 핑계는 '차세대 골프 황제'로 불리고 있는 22세 골프 신동 로리 매킬로이가 2011 브리티시오픈에서 성적이 부진하자 했던 적절치 못한 발언이다.

처방 골프 깨나 하는 레전드들이 로리 매킬로이의 말에 발끈했다. 특히 1991년 마스터스 챔피언인 이안 우스남(웨일스 출신)은 "매킬로이, 4가지가 없군! 아무 말이나 해선 안 되지. 진정한 골퍼가 되

골프가 안 되는 108가지 이유

려면 다양한 코스에 적응해야지. 타이거 우즈, 잭 니클라우스, 아놀드 파머가 위대한 것은 바람 몰아치는 바닷가에서도 다른 것 탓하지 않고 열심히 친 것 때문이야!"라고 단단히 꾸짖었다.

그렇다면 우리나라에도 많이 건설되어 있는 링크스 코스의 특징과 대처 방안은 뭘까?

너무 거리 실력을 내세우다가는 큰 코 다칠 수 있다. 거리를 많이 내는 기술보다는 방향성을 고려하는 샷을 구사해야 하며, 많이 뜨는 샷보다 뜨지 않고 깔리는 샷을 해야 한다. 한마디로 전략을 잘 짜면, 스코어 세이브가 가능하다.

특정 코스 한두 군데를 대보자면, 인천 영종도에 있는 '스카이72', 전남 해남에 있는 '파인비치' 등이 대표적 링크스 코스가 될 것이다.

뭐든 다 그렇지만 겁을 내지 마시라. 이전에 꿈꾸었던, 바다 너머의 페어웨이를 향해 티샷 하는 멋진 모습을 이제 직접 체험할 수 있단 말이다. 거친 바다를 옆에 두고 강한 바닷바람에 맞서 홀을 공략하는 플레이도 이제 상상 속에서만 할 것이 아니라 실행에 옮겨보자.

41. 볼이 벙커 발자국 안에 빠졌어

"하필이면 볼이 벙커 안에 난 발자국 안에 빠져버렸으니, 뭘 제대로 했겠어?"

 진단 볼이 벙커, 그것도 앞사람이 남기고 간 발자국 안에 빠지면 짜증이 밀려온다. 뒤처리도 제대로 하지 않고 떠난 사람 욕해봐야 내 입만 아프다. 가뜩이나 어려운 벙커샷인데 그런 언짢은 마음을 가지고 임하면 쉽게 탈출도 못 하고 두고두고 찜찜한 법이다.

 처방 이것도 다 운명이다. 요령을 알아 탈출하는 수밖에 없다. 그러나 아주 어려운 방법은 아니기 때문에 포기를 해서는 안 된다. 이런 상황을 맞아 어렵게 탈출하면 아주 좋은 공부가 된 것이다. 일단 한번 성공하면, 다음에는 비슷한 상황에서 똑같은 방법으로 해낼 수 있다는 자신감을 갖게 된다. 자, 이제부터 탈출 비법을 설명해주겠다.

첫째, 공이 나가야 하는 방향, 즉 목표 방향과 몸을 클로즈 한다(목표의 오른쪽으로 몸을 세운다).

둘째, 클럽페이스를 목표 방향에 많이 클로즈 시킨다(클럽페이스를 목표에 많이 닫히게 셋업한다).

셋째, 클럽을 가파르게 바로 위로 올렸다 가파르게 내린다.

넷째, 공 뒤의 아주 가까운 지점을 내리 찍는다.

아마추어 골프가 어려운 것은 서로가 매너를 소홀히 해서 남에게, 궁극적으로는 나에게 불편을 가중시키는 것에도 원인이 있다. 사실 프로대회에서는 깊은 발자국 안에 볼이 떨어지는 상황은 거의 벌어지지 않는다. 캐디가 항상 벙커를 깨끗이 정리하고 가기 때문이다.

설명을 조금 더 하자면 발자국 깊은 곳에 공이 있는 것은 에그프라이 경우와 같다. 비슷한 각오와 방법으로 탈출하면 된다. 일단 무조건 빠져나오는 것이 목표다. 앞에서 말한 대로 평소 벙커샷과 달리 클럽 페이스를 완전히 닫고 강하게 샷을 한다. 참, 벙커에서 나간 공은 많이 구른다는 점도 명심해야 한다.

42. 러프가 너무 길어

"여기 러프는 솔직히 풀이 길어도 너무 길다. 이거 뭐 채가 빠져나오질 못해~"

진단 러프로 볼이 굴러가면 어떤 때는 잔디 위에 올라가 있는 경우도 있지만, 볼이 잔디에 묻혀 있는 경우가 생긴다. 그러나 말은 정확하게 하자. 채가 잔디에서 빠져나오지 못하는 것이 아니라 당신의 실력이 탈출하기에는 역부족인 것이다.

처방 러프에서의 탈출요령을 알면 쉽게 해결된다.
저항이 있는 잔디 결 상태에서는 공이 쉽게 빠져나오지 못하고 채도 잔디를 이기지 못해 힘을 잃어 거리가 짧아질 수밖에 없다. 우선 자신 있고 쉬운 우드 클럽이나 유틸리티 클럽을 써야 한다. 잔디 결이 더 솟아서 볼을 거의 반쯤 먹고 있는 상태에서는 아이언 클럽 사용을 권한다.

자, 쳐보자. 세상에 안 되는 일이 어디 있나?!

첫째, 클럽을 짧게 그립의 강도를 보통 때(3~4)보다 단단하고 강하게 (6~7) 잡는다.

둘째, 공의 위치는 일반적인 상황보다 오른발 쪽에 위치시킨다.

셋째, 왼발 쪽에 몸무게 배분을 10~20% 더한다.

넷째, 왼발을 약간 오픈시킨다.

다섯째, 백스윙의 크기를 컨트롤 하지 말고 다운스윙 시 공을 먼저 가격하는 것에 집중한다. 클럽을 들어 폴로스루하지 말고 클럽을 되도록 지면과 가까이 하며 폴로스루 하도록 한다.

러프에서 힘의 손실을 없앨 수 있는 중요한 해결책은 결국 아이언을 사용하는 것! 아이언의 솔은 얇다. 솔과 러프의 접촉 면적이 클수록 마찰도 커진다. 다시 말해 아이언은 일반적으로 우드에 비해 러프와의 접촉 면적이 매우 작으므로 러프에서는 힘의 손실이 적어진다. 게다가 아이언 솔의 앞부분은 날카롭게 튀어나와 잔디를 헤치며 볼을 칠 때, 심리적으로도 안정이 된다. 잔디 안에 쥐새끼가 숨어있다 생각하고 잘 헤쳐서 치면, 공은 풀 속에 들어간 잘못을 느끼고 비명을 지르며 튀어나온다.

43. 티잉 그라운드 위치가 잘못됐어

"티잉 그라운드 박스 위치가 잘못됐나봐. 애초에 슬라이스 홀인데, 캐디가 말해주지 않아서 슬라이스가 나고 만거야."

 스윙에는 문제가 없는데 슬라이스가 나는 상황은 가끔 벌어진다. 회원으로 속한 골프장일지라도 티잉 그라운드에 올라서면 홀의 생김새를 살핀 다음 더 많은 페어웨이 공간이 확보되는 쪽으로 티를 꽂아야 하는데, 그러지 않았고 물어보지도 않았다. 공이 잘 나갈리 만무!

 스윙이 아닌 것에서 슬라이스를 유발하는 요인이 있다. 티잉 그라운드에 티 마커를 코스의 오른쪽에 몰아 위치시키면 슬라이스 스윙을 하게 된다.

또는 코스 자체가 dogleg left(페어웨이가 왼쪽으로 휘어져 디자인되어 있는 홀)일 경우, 슬라이스 샷을 하게 된다. 이러한 홀일수록 공을 왼쪽 티 마커에 가까운 곳에 위치시켜(tee-off) 스윙해야 한다. 드로우 성 스윙이 자동적으로 나오게 말이다.

티잉 그라운드를 넓게 쓰고 자기 구질에 따라 조절하는 방법을 알아보자. 구력이 긴 고수나 프로들도 매 홀 티잉 그라운드에서 신중하게 티를 꽂는다. 오히려 아마추어들이 대충 꽂고, 채를 몇 번 휘둘러보고 바로 샷을 한다. 티 꽂을 때 위치만 세심하게 살펴도 페어웨이 안착률을 높일 수 있다.

프로들이 하는 걸 보자면 이렇다.

우선 볼 바로 후방에서 봐서 페어웨이가 좀 더 많이 보이는 지점에 티를 꽂아 심리적 부담을 던다. 또 그날 슬라이스 성 구질이 나온다 싶을 땐, 공이 오른쪽으로 휘어지는 것을 예상하고 오른쪽 티 박스에 자리하여 페어웨이 왼쪽을 겨냥한다. 그래야 넓은 페어웨이 공간을 확보하기 때문이다.

반대로 드로우 구질이나 훅이 염려될 경우는 티 박스 왼쪽에서 페어웨이 오른쪽을 겨냥한다.

결론! 오른쪽이 오비나 해저드면 티잉 그라운드 오른쪽에 서서 왼쪽을 겨냥할 것!

44. 공이 연못에 빠졌어

"어떻게 내가 새 볼만 쓰면 워터 해저드 아니면 어김없이 퐁당 하는지 원~!"

진단 일명 '용왕 알현병'이라고 한다. 꼭 공을 두어 개씩 물에 빠트리는 사람들이 있다. 별다른 이유가 있는 것이 아니다. 욕심을 부리지 않고 치면 되는데, 잔뜩 폼 잡고 멋진 샷을 보이고픈 마음에 실수를 하는 것이다. 겉멋에 취한 사람들의 특징이다.

처방 아마 호수를 메워버리고 싶은 심정일 거다.
미국에는 〈Law of Golf〉란 골프 유머가 있다. 제 3조가 '유명 제조사의 새 공은 물에 잘 빠진다.'는 것이다. 비록 과학적으로 입증

되진 않았지만 비싼 공일수록 물에 들어갈 확률이 훨씬 높다는 것이다. 그러면 낡은 헌 공을 쓰면 될 것 아닌가!

우리나라 골프장은 대부분 산에 있으면서도 어김없이 인공 호수가 즐비하다. 숱한 골퍼들의 무수한 공이 물속으로 들어가 강제로 용왕을 알현한다.

특히 악명 높은 워터해저드로는 천안에 있는 '우정힐스 13번 홀'이 꼽힌다. 일본의 천재골퍼라는 이시카와 료도 우리나라에 와서 4일 동안 3번을 빠트리고 혀를 내두르며 갔다. 그러나 내 볼만 꼭 워터해저드를 좋아한다는 생각으로 절망할 필요는 없겠다.

해저드를 만났을 때, 고수와 하수의 차이가 드러난다. 고수는 어떻게든 빠지지 않고 넘길 생각을 하는데, 하수는 해저드를 훌쩍 넘어 좋은 자리에 폴싹 공이 떨어지게 하려고 애쓴다.

해저드를 만났을 때, 일단 피하고 보자는 생각만 하면 2가지 부담 중 하나는 사라진다.

이때야말로 배짱을 다 동원해야 한다. 나는 꼭 넘길 수 있다는 자신감으로 자기를 격려해주자. 딱 거리에 맞는 채를 뽑아들고, 잔뜩 힘이 들어간 샷을 할 것이 아니라 1클럽 크게 잡고 부드럽게 쳐보는 것도 한 가지 방법이 되겠다.

45. 벙커에 빠졌어

"그린 앞에 벙커가 있고 그 가까이에 핀이 있을 때, 꼭 벙커에 빠지더라."

진단 일단 벙커를 의식하기 시작하면 몸이 위축되어 제대로 샷을 날릴 수가 없게 된다. 일단 넉넉히 쳐서 어떻게든 공을 그린 위에 올리고 긴 퍼트를 하는 것이 불확실한, 혹은 자신없는 샌드벙커샷보다는 백배 낫다.

처방 벙커에 안 빠뜨리려고 지나치게 신경을 쓰면 스윙시 나도 모르게 힘이 들어간다. 결과는 토핑샷, 뒤땅샷이 되어 벙커 안으로 쏙 들어가고 만다.

벙커는 아예 존재하지 않는다고 가정하고 '그린의 어디에 공을 떨어뜨

릴까'만 생각하면 된다.

'아마추어가 그런 평정심을 어떻게 가져~'라는 생각부터 버리자. 누구나 된다. 그린에서 공이 많이 구르는 샷보다 그린을 무는 bite 샷을 해야 한다. 기술이 필요하다.

첫째, 목표 방향에 몸 전체와 스탠스를 오픈한다(목표의 왼쪽으로 에임한다는 뜻).

둘째, 클럽을 오픈한다(목표의 오른쪽으로 클럽페이스를 조준 한다는 뜻).

셋째, 몸이 세워진 대로 백스윙하고, 다운스윙한다.

넷째, 공 뒤의 잔디를 클럽으로 가격한다(많이 띄워야 할수록 공에서 5~7cm 뒤쪽을 가격한다).

이때 로프트 각이 60도 이상, 심지어 66도가 되는 로브웨지를 쓰기도 한다. 그러나 이는 샷의 감각 차가 있기에 초보자는 볼의 옆구리를 때리는 나쁜 결과를 초래할 수 있으니 충분한 연습이 된 후 사용하자.

사실 로브샷은 용어부터 아마추어 골퍼들에게는 생소할 수 있다. 로브샷을 구사할 일이 많이 생기지는 않지만 어쩌다 이런 상황이 되었을 때 2, 3타의 점수를 잃지 않는 비기가 될 수 있다. 로브샷은 어느 정도 익히면 높은 오르막 위에 있는, 이른바 포대 그린('엘리베이티드 그린'이 정확한 용어)에서도 요긴하게 쓸 수 있다.

쉬어가는 페이지

"Law of Golf"
미국인들이 주장하는 골프의 12법칙

law1: 최상의 골프 라운드 다음엔 최악의 라운드가 찾아온다. 그러니 잘 쳤다고 너무 자랑하고 다니지 말라.

law2: 골프 연습장에서 잘 맞는 날, 골프 코스에서는 항상 트러블에 빠진다. 연습을 잘하면 할수록 라운드는 더 나빠진다.

law3: 유명 브랜드의 새 공은 물에 더 잘 빠진다. 비싼 공일수록 물과 아주 많이 친하다.

law4: 나무에 맞은 공이 히팅 가능한 곳으로 튕겨 나오는 법은 없다. 만일 그런 일이 벌어진다면 '골프 법칙'을 깬 것이니 당장 그 나무를 잘라야 한다.

law5: 샷을 망치면 동반자 모두는 "샷이 좋아졌는데요." 또는 "최상의 샷은 아니군요."라고 진지하게 외치거나 염장을 지른다.

law6: 핸디캡이 높은 골퍼일수록 자기 자신을 더욱 더 훌륭한 골프 선생으로 여긴다.

law7: 이 세상의 모든 파3홀은 골퍼들에게 굴욕을 주기 위해 존재한다. 파3 거리가 짧을수록, 굴욕의 확률은 더 높아진다.

골프가 안 되는 108가지 이유

law8: 당신이 공에 맞았다면, 그 공을 친 사람은 항상 당신보다 덩치가 크다. 반대로 당신이 누군가를 맞췄다면 그 사람들 중에는 꼭 미식축구 선수, 프로레슬링 선수, 혹은 변호사가 있다.

law9: 같은 상자에서 나온 공들은 서로 함께 하려는 경향이 있다. 공 하나가 오비나 물에 빠지면 다른 공들도 자꾸 그리고 가려고 한다.

law10: 당신이 가장 지기 싫어하는 사람은 당신을 항상 이기는 사람이다.

law11: 라운드에서 마지막 세 홀이란, 당신의 실지 핸디에 맞는 스코어로 자동 조절해주는 곳이다.

law12: 히팅시 공을 못 봐서 어처구니없는 샷을 한 다음에야, 당신은 공을 봤어야 했던 정확한 지점을 내려다 본다.

골프에 미칠 때 나타나는 증상

- 칫솔을 고를 때 샤프트의 강도와 그립의 생김새를 유심히 본다.
- 당구 치다가 자장면을 먹을 때 내 공 뒤에 동전을 놓는다.
- 자녀가 100점 맞았다고 자랑하면 '조금 더 열심히 하면 90점대 가겠네.'라고 생각한다.
- 놀이터 모래에 발자국이 있으면 발자국을 지우고 지나간다.
- 프로야구 선수들의 파울을 OB라고 생각하며, 너무 당겨 치거나 밀어 친 결과라 생각한다.

PART 3
운이 나쁘군!
(심리편)

46. 연습을 못했어

"요즘 바빠서 필드는 고사하고 연습장에도 한 달 이상 못 나갔어. 감을 다 잊어버렸나봐."

진단 골프는 평소 잘 쓰지 않는 근육을 사용하기 때문에 며칠 동안 연습을 중단하면 금세 감각이 무뎌질 것은 불문가지! 골프는 근육의 기억운동이므로 감을 잃게 되는 것은 딱 한 순간이다. '습관이자 버릇'이 되도록 꾸준히 연습해도 잘 칠까말까 한데...

 골프가 안 되는 108가지 이유

처방

연습이 부족하면 당연히 제 기량을 발휘할 수 없다. 하지만 이건 너무나 평범한 핑계로 설득력이 많이 떨어진다. 자기만 이해되지 상대는 알아주지 않는다.

모처럼 클럽을 잡았어도 방법은 있다. "잘 될 거야."라는 기대감을 낮춰 잡아야 한다. "잘 해야지."라는 부담감을 덜어야 한다. 부담이 적으면 긴장도 덜 하고, 스윙은 한층 부드러워질 수 있다.

한국 남자 골프 수장 최경주가 후배들에게 한 말이다. "미국 프로골프 투어에 데뷔하는 것이 목표가 되어선 안 된다. 평범하게 하려면 미국에 올 필요가 없다. 중요한 것은 미치는 것이다. 보통의 연습으로는 높은 경지에 오를 수 없다. 미쳐야 한다. 나는 골프에 미치자고 작정을 하고 그 좋아하던 담배도 끊었다. 그래서 미친 듯이 연습을 할 수 있었다."

최경주가 이러거늘 하물며 백돌이들이 연습도 없이 골프장에서 으스대는 것은 우선 골프에 대한 예의가 아니다. 개인적으로 능력이나 노력에 따라 상황은 다르겠지만 최소한 3~4개월은 꾸준히 배우고 익혀야 스윙 매커니즘이 이해되기 시작한다.

골프장에 와서 "연습을 안해서…"라는 변명을 더 이상 해서는 안 된다. 밤새 책 한 줄 읽지 않고 실컷 자고 나온 학생이 시험지를 대하면 어떨까. 쓸 게 있을까?

47. 그립을 바꿨더니

"그립을 좀 굵은 걸로 바꿨더니, 채가 손에 안 잡히고 자꾸 빠져나가는 것 같아."

 진단   사람들의 골프스윙은 지문과 마찬가지, 백이면 백 다 다르다. 그것은 그립의 형태 때문이기도 하다. 프로나 고수들의 그립을 살펴보면 지나친 훅그립이나 위크그립인 경우는 매우 드물다. 모두 그립의 굵기가 손에 딱 맞는 것을 알 수 있다. 괜히 남 따라 굵은 그립을 끼워 채를 제대로 쥐지 못하는 거 아닌가.

 처방   그립의 사이즈는 스윙과 더불어 샷의 형태를 바꿀 수 있기에 아주 중요하다. 즉 그립이 자신의 손가락보다 가는 것을 사용하면 목표의 왼쪽 방향으로 가는 샷을 하게 되고, 반대로 그립이 굵으면 목표의 오른쪽 방향으로 가는 샷을 하게 된다.

스윙 스피드가 느리거나, 슬라이스 샷을 일삼는 골퍼들은 그립 사이즈를 아주 조금 가는 것으로 바꿔 스윙을 시도해 본다.

사실 굵은 것보다는 가는 것이 스트롱그립을 하기 편하다. 스트롱그립은 오른손이 다소 오른쪽으로 돌아간 형태가 되는 것을 말하는데, 그립이 좀 가늘어야 손가락 놀림이 편해지는 것이 사실이다.

다시 한번 강조하지만 그립은 정말 중요하다. 그립이란 양손이 일치되게 하는 것이다. 우리가 합장을 한다고 가정을 해보자. 왼손과 오른손이 정확하게 90도로 마주 쳐야 빈 공간이 안 생기게 된다. 만약 왼손이 90도인데 오른손의 바닥이 다른 각도로 합장을 하게 되면 아래쪽에 틈이 생기고 만다. 마찬가지로 그립을 잡을 때도 양손의 잡는 각도가 스트롱그립이든 뉴트럴그립이든 일치해야 밀착성이 좋아지게 되는데, 약간 가는 그립이 유용하다고 할 수 있다.

48. 채를 바꿨더니

"채를 새로 바꿨더니, 마치 남의 팔로 물건 집는 것 같아서 도통 되질 않네!"

 진단 뭐든 처음은 낯가림이 있는 법, 클럽은 더욱 그렇다! 초, 중급자가 연장 탓하는 것은 클럽의 무게, 강도 또는 비거리와 방향성에 대한 문제인 반면, 상급자 대다수는 어쩌다 자신의 스윙 템포를 잃고 그것을 현재 사용하는 클럽에 전가하는 것이다. 당신은 어느 쪽인가?

 처방 클럽을 새로 바꿀 때는 클럽 전문가는 물론 스윙 전문가와도 상의해야 한다.

자신의 체형, 근력과 유연성, 몸의 핸디캡, 부상 등이 있는지 고려하고, 무엇보다 스윙의 능력과 스윙 궤도, 스윙 플레인을 참고로 해서 클럽을 선택하거나 피팅을 해야 한다.

만약 골프를 웬만큼 하는 중상급자라면 채에 앞서 잃어버린 스윙 템포를 찾으려는 노력을 해야 한다. 연습을 집중해도 잘 안 될 때, 자신의 달라진 스윙 템포에 맞게 클럽을 튜닝 및 피팅을 하거나 아예 새 클럽을 찾아야 한다.

내 맘에 드는 디자인의 자동차가 잘 나가는 것처럼 클럽도 자신이 좋아하는 디자인으로 맞추는 것이 필요하다. 또한 클럽의 샤프트 길이는 0.5인치, 헤드의 무게는 2~3g, 샤프트의 강도^{CPM}는 5~10 정도 이내에서 늘이거나 줄여야 큰 혼란이 없다.

초보자는 이런 정도의 변화로 스윙이나 템포에 큰 영향을 받지 않는다. 다만, 상급자는 채가 조금만 바뀌어도 일반적으로 생각하는 것보다 훨씬 큰 영향을 받는다는 과학적 근거와 데이터가 있다. 최근에는 인터넷과 골프전문 잡지에서 정보를 손쉽게 습득할 수 있다.

요즘 어떤 클럽 제작사는 헤드의 무게, 즉 밸런스와 헤드페이스의 방향을 스퀘어, 드로우로 고객이 직접 바꿀 수 있는 제품도 내놓고 있다. 금전적 여유가 된다면 채를 자주 바꾸는 것도 나쁘지 않다.

49. 동반자의 훼방 때문에

"동반자의 구찌(말 훼방)가 얼마나 쎈지 도저히 집중을 할 수가 없었어."

 진단 한 번에 4시간 이상 걸리는 라운드 시간 동안 채만 휘두르는 것이 아니다. 동반자와 농담도 주고받고, 선의의 방해도 해가면서 화기애애 웃음꽃 피는 스포츠가 골프다. 그런데 어떤 사람의 어떤 말은 기분을 망치는 것을 넘어 신체 컨디션까지 망가뜨리는 것이 사실이다.

 처방 골프는 첫째도 멘탈, 둘째도 멘탈, 셋째도 멘탈인 총체적 멘탈 스포츠다. 사실 골프는 팔로 스윙을 하는 게 아니라 머리나 가슴으로 하는 것이라 보아야 한다. 그만큼 기분에 크게 좌우된다. 볼을 잘 맞추는 것은 순전히 스윙의 타이밍인데, 이 타이밍이 아주 미세하게 빗나가게 되면 볼이 정타로 맞지 않는다. 이 타이밍을 빗나가게 하는 요인이 동반자의 놀림이나 비난이다. 한번 듣게 되면 빨리 뇌에서 지워지지 않기 때문에 스윙을 할 때마다 자동으로 반복 재생된다. 이런 생각하는 시간이 타이밍을 변화시킨다. 상대의 말을 뇌에서 최대한 빨리 지워버리는 훈련이 필요하다.

어떤 사람은 동반자가 그야말로 난리 부르스를 추어도 끄떡없는데, 아주 작은 농담에도 벌컥 화를 내고 감정을 컨트롤하지 못하는 사람이 있다. 말이 그만큼 상처나 용기를 준다고 보면 된다. 골프장에서 동반자에게 비수를 꽂는 살벌한 말을 할 일은 없다. 그냥 넘어갈 수 있는 우정 어린 농담들이 대부분이다.

"저쪽에 해저드가 있거든.", "벙커가 앞에 있으니 좀 길게 쳐야 할 거야.", "오비 조심해!"

그런데 이런 것들이 실수를 유도하는 말이다. 신경 쓰지 말아야 한다. "이러다 원 온 시키는 거 아냐?", "쓰리 퍼트 하는 걸 못 봤단 말이야.", "이번 홀에서 파만 해도 싱글을 치겠네." 이런 말은 절대 칭찬이 아니니 말려들지 말아야 한다. 남의 험한 말을 듣고 '허허' 하고 웃으라는 게 말이 되냐고?

골프는 도(道)라니까!

50. 내기만 하면 안 돼

"나는 내기만 걸리면 잘 맞던 공도 막춤을 춘다니까. 좀스럽다고 할까봐 안 할 수도 없고."

 진단 경기 중 상대 선수의 일거수일투족과 승부에 집착하다 보면, 긴장과 초조함으로 전신 근육이 경직되고 피로가 쌓이게 된다. 잃어버린 스코어를 만회하려고 무리를 하다가 정작 자신의 기량을 발휘하지 못하고 내기 족족 지는 경우가 많은 것이 사실이다.

 처방 골프 스윙을 잘 하기 위해서는 근육이 아주 살짝 긴장하고 있는 상태가 최적이다. 그런데 승부라는 것은 근육을 지나치게 긴장시키는 가장 큰 적이다. 아마추어라면 '작은 판'이라도 내기가 걸리면 긴장하게 된다. 판이 커지기라도 하면 온 몸의 근육이 긴장하는 것은 당연하다.

다행히 골프란 스포츠는 근육이 약간 긴장해야 되니 오히려 적당한 내기가 도움이 된다. 긴장이 없으면 근육이 너무 릴렉스되어 효과적인 역할을 하지 못한다.

문제는 큰 스트레스 받지 않고 스코어가 더 나아지게 하도록 '내기'를 잘 조정하는 것이다. 사실 골프만큼 온갖 종류의 내기를 접목할 수 있는 스포츠도 없다.

당신에게 이미 숱한 경험이 있겠지만, 기본적으로 스트로크, 스킨즈, 라스베이거스 등의 내기를 해봤을 것이다. 그런데 내기는 조금이라도 하수가 꼭 잃게 되어 있고, 돈을 잃으면 스윙은 더욱 힘을 잃고 망가진다.

상황에 따라, 실력에 따라 다양한 내기를 할 수 있지만 내게 맞는 '맞춤 내기'를 해야 한다. 고수와 할 때는 과감히 "버디 값 폐지!"를 외쳐라.

롱기스트는 실력자가 차지하지만 어느 정도 우연도 작용하는 것이어서 누구나 니어핀을 할 수 있다. 같은 편에게 좀 기댈 수 있는 라스베이거스, 막대기만 잘 뽑아도 먹을 수 있는 '뽑기' 같은 쪽으로 유도해야 한다.

그러나 내기가 없거나 약하면, 고수랑 칠 기회가 줄어든다는 긍정적 마인드를 가져라.

51. 첫 방문 징크스가 있어서

"처음 온 골프장이라서 분위기도 낯설고 코스도 낯설고, 완전히 몸이 굳었어."

진단   처음 가는 곳은 지형지물이 눈에 잘 들어오지 않아 당황하는 경우가 많이 생긴다. 코스와 분위기가 익숙하지 못한 골프장에서 첫 라운드를 하면서 좋은 스코어를 기록하기는 어려울 것이다. 그렇다고 지레 포기하고 가던 곳만 간다면 우물 안 개구리가 될 수도 있다.

처방   이젠 우리나라도 골프장이 500여 개소에 육박하는 실정이니, 처음 가보는 골프장이 많이 생길 것이다. 아마추어라면 코스 모양을 상세히 알아도 원하는 방향이나 거리로 공을 보낼 만큼의 실력이 없다. 그러니 처음인 골프장도 다를 바가 없다. 그리고 전 세계에서 시설 좋기로 유명한 우리나라 골프장은 거리, 지형, 오비, 해저드, 수리지 등의 표시가 완벽하게 되어있고, 또 친절하고 유식하기 이를 데 없는 '캐디'가 있기에 첫 방문에도 아무런 불편이 없다. 어디 그것뿐인가! 동반자나 캐디는 '처음 온 골프장'이라고 하면 여러 가지 배려를 듬뿍 해준다.

어쨌거나 처음 온 골프장은 특유의 분위기 때문에 위축되어 점수가 썩 좋지 않은 것이 사실이다. 그럴 때 "이 골프장은 나랑 궁합이 맞지 않나봐!" 해버리는데, 그러지 말고 원인분석을 해보자. 왜냐하면 첫 골프장은 계속 생기기 마련이니까.

사실 '골프장 징크스'는 미신이 아니다. 이를테면 드로우 구질인 사람이 오른쪽으로 휘는 홀이 많은 골프장에 가면 오비나 그에 상응하는 대형사고가 나기 마련이다. 벙커를 싫어하는 사람이 벙커가 많은 골프장과 맞닥뜨리면 죽을 맛일 것이다. 컨디션 좋은 날도 그런 골프장에서 플레이를 하면 점수나 기분이 엉망이 된다.

그런데 정말 '첫 방문 골프장'이어서 '아무 이유 없이' 공이 맞지 않는 걸까? 아니다. 내가 그 골프장의 코스나 분위기에 적응하지 못했기 때문이다.

요즘에는 골프장마다 인터넷 홈페이지가 있고, 코스 소개도 상세히 나와 있으니 라운드 전날 충분히 살펴보면 된다.

52. 연습장에선 잘되는데

"연습장에서는 죽이는데, 무슨 조화인지 실전에서는 안 된단 말이야."

진단 이런 사람들을 닭장 프로라고 불러야 할까? 연습장에서는 공이 그야말로 빨랫줄 타구로 1000미터는 날아가는 것 같다. 기가 막히게 잘나가는 공에 당사자도 깜짝 깜짝 놀랄 정도다. 그런데 실전에만 나서면 왜 제 실력을 발휘 못하는 걸까? 여기에는 심각한 착각이 있다.

처방 연습장 볼은 실전 볼보다 훨씬 나쁘다. 그런데도 엄청나게 날아가는 것 같이 느껴진다. 사실은 가장 잘 맞은 볼만 기억하기 때문이다. 특히 드라이버 샷이 그렇다.

또한 연습장의 아이언용 매트는 필드의 잔디에 비해 훨씬 부드럽고, 상태도 좋기 때문에 약간 뒤땅을 쳐도 아무 문제가 없고, 오히려 살짝 볼 뒤쪽을 쳐야 정타로 맞는다. 연습장에서는 아이언이 기가 막히게 맞았는데 필드에서는 자꾸 뒤땅을 치게 된다는 불평이 그래서 나온다.

연습장은 실수를 해도 점수를 까먹지 않으니 부담 없는 샷을 하게 된다. 오히려 그게 잘 맞는 것이다. 무엇보다 타석이 고정되어 있고 에임도 항상 일정하게 설 수 있고 평지에서 스윙을 하는 것이니 안정적일 수밖에! 또 많은 공을 반복해서 때리다 보면 뒤로 갈수록 공이 잘 맞게 되어 있다. 사람들은 기억력이 물고기 수준인지 처음 못 친 것은 까맣게 잊어버린다.

연습장에서는 약간 토핑 성으로 맞아 멀리 가지 않는 볼이 필드에서는 정타로 맞는 볼이 된다는 것을 알아야 한다. 천연 잔디 위에서는 볼과 잔디가 정확히 가격이 돼야 좋은 결과가 나온다. 연습장에서는 조깅화나 심지어는 슬리퍼를 신고도 몸이 균형을 잃지 않아 볼이 잘 맞는데, 실제 잔디 위에서는 단단한 착지력을 보장해주는 신발을 착용해야 한다.

레인지에서 한 광주리 이상을 쳐야 공이 제대로 나가는, 이른바 예열 시간이 오래 걸리는 타입이라면 실전에서는 전반 9홀 점수가 안 좋을 수밖에 없다. 조심하되 조바심을 내지는 말아야 한다. 후반 9홀이 또 있으니까.

또한 필드에서는 연습장에서 절대 생기지 않는 특별상황 대처 능력이 필요하다.

53. 저 친구와 하면 안 되더라

"오늘도 망쳤네. 이상하게 저 친구와 하면 꼭 안 된단 말이야."

의외로 상급자들, 공 깨나 친다는 사람들이 동반자를 탓한다. 주로 필드에서 상대를 레슨하는 등 신경을 쓰다가 자신의 템포를 잃는 경우가 많다. 또 어쩔 수 없이 함께 치기는 하는데, 동반자의 행동 하나하나에 짜증을 내다 보면 정작 자신의 스윙 리듬과 집중력을 잃게 된다.

"보는 것만으로도 충분히 배울 수 있다!" 골프에서도 중요한 명언이다.

많이 보면 그 동작이 서서히 근육에 기억되고, 근육에 기억된 것은 나도 모르게 표현이 된다. 동반자와 4시간 이상 함께 하다 보면, 그의 스윙이 나의 근육에 메모리된다.

그런데 이건 나보다 나은 사람에게서 배우는 경우다.

나와 상반된 템포, 리듬을 가진 사람의 스윙으로부터도 확실히 영향을 받게 되는데 나도 모르게 따라 하다가 엉뚱한 결과가 생기고 만다.

해결책은 아주 간단하다. 만나서 안 될 사람은 애초에 만나지 않은 것이다. 그러나 함께 할 경우, 어쩌겠는가! 절대 보지도 말아야 한다. 바로 곁에 있는데 아예 안 볼 수는 없지만, 가급적 스윙 동작은 눈에 담아두지도 말아야 한다.

나랑 현격하게 차이가 나는 상대, 즉 나보다 많이 뛰어나거나 많이 뒤떨어지는 상대와 하다가는 이쪽도 감을 잃고 만다. 고수를 보고 나도 가능할 것 같다는 생각에 따라 하다가는 근력이나 감이 닿지 않아 그냥 내 스타일로 하는 것보다 훨씬 형편없는 결과가 나온다. 이전에도 함께 해서 기분이 좋았던 사람이라면, 좋은 영향을 주는 동반자다. 좋은 상대를 만나면 스윙이 향상되고, 스코어가 좋아진다.

나보다 실력이 일천한 사람에게 자신의 기량을 과시하고 거기에 부합할 멋있는 샷을 보여주려고 하는 경우에 빈타가 발생한다.

그리고 그 잘못은 상대에게 있는 것처럼 생각된다.

54. 후반 나인은 꼭 죽을 쑤더라

"다른 사람들은 다 후반에 발동이 걸린다는데, 나는 후반 나인에 꼭 죽을 쑤더라."

 대개 전반에 기량이 나오지 않다가 후반에 회복되는 것이 일반적인데, 가끔 인코스에서 망가지는 사람도 있다. 골프 실력이라는 것이 원래 컨디션 따라, 경우 따라 들쑥날쑥하므로 앞과 뒤 9홀의 스코어카드만 보고서는 완전히 다른 사람이 플레이한 것으로 착각할 수도 있다.

 전반에 스코어가 나빴으나 후반에 나아져서 핸디캡을 만회했다고 하는 골퍼도 있다. 결국 핸디만큼은 꼭 치는 것 같다. 그런데 진짜 꼭 후반에만 이르면 이상하게도 안 되는 골퍼가 있다.

후반에 나빠지는 경우는 여러 가지다. 우선 대부분의 아마추어들은 체력이 썩 좋지 않아, 코스 자체가 체력을 많이 요구하는 곳이면 뒤로 갈수록 힘겨울 수밖에 없다. 다음으로 전반에 잃어버린 스코어를 되찾으려고 무리하게 힘을 가하다가 오히려 실타를 범하는 수도 많이 생긴다. 그밖에 전반 나인을 끝내고 후반에 들어가기 전에 20~30분씩 음식점에서 쉬게 하는 골프장도 있는데, 이때 포식을 하거나 술을 마시면 후반에 제 기량이 나올 수 없다.

여러 차례 가격을 당한 복서가 한 방을 노리고, 온몸의 힘을 다 던져 주먹을 날린다 해도 정타가 나오지 않으며, 상대를 다운시킬 수도 없다. 오히려 그 무리수가 상대에게 공격의 빌미를 주게 된다. 골프에서도 요행수에 해당하는 한 방이란 잘 나오지 않는다.

간혹 농구의 버저비터Buzzer beater처럼 쿼터가 끝날 때, 들어가건 말건 길게 내던지는 슛을 하듯 승부를 걸어야 할 때도 있다. 많이 지고 있다 싶을 때는 파5에서 물을 건너 2온을 노리는 등의 방법을 써야 할 것이다. 그러나 이때도 분명히 실패의 확률이 높다.

결국 전반에 지나치게 힘을 소진하지 말고 체력 안배를 해야 할 것이며, 전·후반 중간에 쉴 때는 빈스윙을 계속하면서 몸에서 감(感)이 떨어지지 않도록 해야 한다.

55. 도그렉 홀은 영 재수없어

"도그렉 홀은 진짜 재수가 없어. 웬일인지 잘 쳐도 꼭 오비가 난단 말이야."

 산의 허리를 깎아 만든 코스가 부지기수인 우리나라 골프장의 특성상 오른쪽이건 왼쪽이건 심히 휜 '개다리홀'을 많이 만날 수밖에 없다. 초중급자는 크게 휘어진 홀 앞에 서면 겁이 나고 어떻게 공략해야 할지 난감하다. 마약 정확하게 장타를 날릴 수 있다면 도그렉을 가로 질러서 그린 앞에 떨어뜨리는 티샷을 할 수도 있는데…

 일단 겁을 먹지 말라! 그해도 칠만 하니까 그렇게 설계된 것이다. 오히려 무덤덤한 마음을 가지라 권하고 싶다.

세컨샷 지점, 즉 홀 길이 3분의 2쯤에서 좌우로 45도 내외가 휘어져 있다면 사실 공략하기가 쉽지 않다. 겁부터 난다. 거리가 좀 나오고 샷이 정확한 중상급자라면 휘어진 지점을 향해 바로 볼을 쏘면 되겠지만, 초보나 중하급자는 숲속이나 해저드로 공을 날릴 미스샷 확률이 높다. 또 모험을 하면서 내달리는 지름길에는 꼭 함정이 있기 마련이니까 코스맵도 잘보고 캐디에게 충분히 묻고 상의해야 한다.

따라서 이런 '개다리홀'에 오면 둘 중 하나를 선택해야 한다.

이런 홀에서 성공한 예가 거의 없고, 더구나 지금은 잘 맞지 않고 있다면 아무리 길이가 짧더라도 홀을 나눠서 공략한다.

반면 웬만큼 거리를 낼 수 있고 익숙한 홀이라면 조심해야겠지만 가로질러 가야 한다. 정면공격이다. 볼을 어디로 칠 것인가 목표를 정하고 떨어뜨리고 싶은 지점과 공을 일직선을 그어 목표선을 만든다! 그 목표선에 몸을 평행하게 세우니 '도그렉'이 없어진다! 휘어있는 상태의 골프 코스는 머리에서 지운다! 그저 태평양 앞바다가 앞에 있다 생각한다! 그곳을 향해 클럽을 던진다! 어떤가, 가뿐한 스윙을 할수록 볼을 잘 보낼 수 있다.

흔히 하는 방법으로 오른쪽으로 굽어있고 왼쪽 페어웨이가 넓은 도그렉홀이라면, 오른쪽 티에 서서 대각선으로 볼을 때리는 것이다. 도그렉홀에서 위안을 삼을 수 있는 것은 티샷을 보이는 부분에만 날려도 그린까지가 그리 많이 남지 않았다는 것이다.

56. 3번 공 때문이야

"이상하다. 내가 왕초보 시절 이후에는 쓰리퍼트를 하지 않았는데... 아! 이런, 공 번호가 3번이었구나!"

진단   그린 속에서 놀던 지렁이 허리 끊어질 만큼의 웃기는 핑계지만, 사람이란 나름대로 정말 피하고 싶은 징크스가 있다. 정확히 말하자면 징크스라고 믿는 심리적 장애물이 있는 것이다. 과학으로는 설명되지 않는 나만의 징크스, 극복하는 방법이 없지는 않다.

처방   우스꽝스럽게 모자를 쓰는 예스퍼 파네빅은 진짜 한동안 3번 공을 피했다. 3번 공만 치면 어김없이 쓰리퍼트를 한다는 이유에서였다. 또한 예스퍼는 조금 엽기적인 징크스가 있는데, 대회 때마다 자기의 혈액을 담은 작은 병을 갖고 다녀야 성적이 나온다는 것이다.

 잭 니클라우스는 1센트짜리 동전 세 개를 바지 주머니에 넣고 만지작거리면 마음의 평정을 얻었다 한다. 박세리에겐 달걀이 금기사항이었다. 알을 까거나 깨지는 부정을 탈까 봐 어릴 때부터 어머니가 못 먹게 했다나. 또한 대회 때는 가급적 새 양말을 신지 않았단다.

 골프 여제 애니카 소렌스탐이 59타를 친 것도 퍼트 덕이었다. 그녀는 "나는 모든 홀에서 두 번째 퍼트를 전혀 생각하지 않았다. 행여 퍼트가 들어가지 않았을 때의 결과에 대해서는 아예 생각조차 안했다."고 말했다.

 이처럼 각양각색의 방법으로 마음을 다스리고 있는 골프 선수들. 하지만 그러한 노력에도 불구하고 선수들은 저마다 징크스를 갖고 있다. 골프에서 다 잡은 우승을 날려 버리는 징크스를 갖고 있는 그레그 노먼. 그는 우승 앞에서 엄청난 두려움을 느낀다고 한다.

 소렌스탐은 "주니어 시절, 1등을 하면 인터뷰를 하게 되는데 그게 두려워 일부러 3퍼트를 하고 2위를 하곤 했다."고 말했는데, 이건 진짜라 믿어지지 않는다.

 배상문, 최나연 등이 한번 무너지면 걷잡을 수 없었던 것도 그들이 징크스를 이기지 못했기 때문이었는데, 지금은 마음의 평정심을 찾았다고 한다.

 자, 각자가 가진 희한한 징크스가 있을 것이다. 그러나 쫄지 마시라! 징크스는 실체가 없는 허깨비에 지나지 않으니까!

57. 카트만 타면 안 되더라

"나는 카트를 타고 라운드를 하면, 이상하게 볼이 안 맞아."

진단   사실 전혀 사실무근의 핑계는 아니다. 미국에서 걸어다니며 골프를 치는 것에 익숙한 사람들은 한국에서 편히 카트를 타고 다니며 캐디가 뽑아주는 채를 받아 치는 것이 더 불편하다고도 한다. 이런 사람들은 카트를 타지 않는 게 좋지만, 한국의 골프장은 혼자만 걷게 놔두지 않으니...

처방   과학적인 근거가 전혀 없는 말을 괜히 내게 적용시킬 필요는 없다. 과거에 카트를 타지 않고 잘 친 적이 있었는지 모르지만 대개는 징크스일 뿐이니 매이지 말자. 징크스를 줄이는 것도 핸디캡을 줄이는 방법이다.

카트 문제가 스코어에 영향을 주는 경우, 각자의 체력이 달라서 생기는 현상이 있긴 하다. 프로 선수는 항상 캐디가 가방을 들어주고 자신은 걸어가면서 치니까 샷 할 때의 몸 상태를 늘 유지하지만, 아마추어는 카트에서 몸이 풀어지기도 한다. 그래서 드물지만 걸어서는 멀쩡히 잘 치다가 골프카를 타면 게임을 망치는 사람이 있다. 이는 각자의 체력 차이에서 오는 현상이다.

대체로 하체가 강한 골퍼들은 늘 걸으려 한다. 그게 편해서다. 그들을 잘 살펴보면 걸어가면서 하는 라운드에서 좋은 결과를 낸다. 그런 사람들은 카트가 답답하게 느껴질 것이다.

자, 당신은 등산 등으로 하체 근력을 잘 다진 골퍼인가?

라운드할 때 아무래도 몸이 풀리는 속도가 느리다고 생각하라. 오히려 여러 홀을 돌고서야 몸이 풀리기 시작해서 경기가 끝날 무렵에 자기 스윙 실력이 나올 수도 있으니 때를 기다려야 한다. 누구나 겨울을 보내고 난 뒤인 봄철이면 몸과 체력이 동시에 불어나게 된다. 이때는 걸어가면서 치는 기회를 많이 만들도록 하라.

그런데 비싼 카트를 사서 타지 않고, 걷기만 하려면 돈이 좀 아깝다. 이런 사람은 골프보다는 다른 운동이 더 맞지 않을까.

58. 레슨 프로와 궁합이 안 맞아

"내 골프가 요 모양 요 꼴인 것은 레슨 프로와 영 궁합이 맞지 않아서 야!"

 조상 탓에 이어 스승 탓! 물론 전혀 코드가 맞지 않는 프로와 오랜 세월 함께 연습하면 암울한 결과가 날 것이 뻔하다. 그러나 타이거 우즈가 위대한 골퍼인 이유를 아는가? 코치 탓 하지 않고 가르치는 대로 착실히 잘 배워 결국 완벽한 골퍼가 되었기 때문이다.

 헤일 어윈도 끝내주는 선수지만 태어나 한 번도 레슨을 받지 않았다고 한다. '그러니 나도 가르쳐주는 사람 없어도 잘 칠 수 있을 것'이란 생각은 무모하고도 위험한 생각이다.

　대한민국의 연습장에서 일하는 레슨 프로는 모두 잘 가르치기로 유명하다. 주로 선수 출신인 그들은 남녀노소 가리지 않고 대상자가 가진 장점을 찾아 단점이 커버되도록 지도한다.

　그러나 만약 이런 사람이 있다면 피해야 한다.

　기존에 자신이 가진 스윙을 통째로 바꾸려고 강요하면 경계해야 한다. 그런 교습가들이 더러 있는데, 자신이 믿는 하나의 스윙을 고집해 그 틀 속에 골퍼를 넣고 주물처럼 찍어내려고 하는 경향이 강하다. 처음 시작하는 골퍼에겐 유용하겠지만 어느 정도 구력이 있는 골퍼들에겐 치명적인 방법이다.

　프로 선수와 같은 백스윙이나 임팩트의 힘을 계속 주문해도 문제 있는 레슨 프로이다. 골퍼들은 다양한 습관, 다양한 체형을 가지고 있다. 어깨가 넓은 사람, 마른 사람, 유연한 사람, 그렇지 못한 사람 등등… 프로 선수와 같은 강도의 훈련을 해내는 아마추어들은 거의 없다고 봐야 한다.

　연습을 통해 기량을 계속 발전시키는 골퍼들의 특징은 좋은 스승 아래에서 체계적이고 지속적인 노력을 한다는 것이다. 자신에게 맞는 좋은 레슨 프로를 만나는 것이 기량 향상의 첫걸음이다. 또한 인내심, 결단력, 부지런함, 열린 마음이 있다면 그 골퍼는 최고가 될 수 있다.

59. 마누라랑 하면 안 된다니까

"부부 동반 골프는 별로야. 마누라하고만 치면 골프가 영 안 된다니까."

진단   보통 남자들이 골프에 재미를 붙이기 시작하면 아내에게 골프를 권하고 기어이 입문시킨다. 그리고 골프장에 와서는 끊임없이 잔소리를 해댄다. 남자 입장에서는 마누라 신경 쓰느라 골프가 안 되고, 여자 입장에서는 잔소리 하는 남편 때문에 공이 제대로 맞지 않는다.

처방   부부끼리는 부담이 없으니 아주 편하게 게임에 임할 수 있고 긴장이 안돼서 스윙을 자유롭게 할 수 있으니 오히려 더 잘 될 수도 있다. 그런데 지나치게 이완이 되고 정신적으로도 아무런 긴장이 없으면 근육이 너무 릴렉스한 상태가 되고 만다. 기량이 제대로 발휘되지 않는 것이다.

부부는 자동차 운전을 가르칠 때도 많이 싸우게 된다. 괜히 상대가 둔해 보이는 것이다. 라운드 중 어느 한 쪽이 다른 한 쪽에게 가르치다 다투게 되는 일이 생길 때, 멘탈이 무너지고 정신이 집중된 스윙이 나올 리 만무하다. 리듬도 탈 수 없고 타이밍이 다 깨지게 될 수 있다. 골프는 정말 예민한 운동이어서 마이크로 단위의 작은 차이로도 엄청난 결과를 가져온다. 나비효과가 따로 없다.

남자와 여자는 서로에게 도움을 줄 수 있다. 나에게 부족한 것을 동반자는 가지고 있기 마련이다. 부부 동반 골프에서 그걸 배우는 기회로 삼자. 남편은 아내에게 유연성을, 아내는 남편에게 힘을 내는 방법을 배우자! 나와 반대인 스윙을 보면서 나를 점검해 볼 수 있다. 자신의 너무 유약하거나 반대로 거친 스윙을 중화시킬 수 있다.

스윙은 중용을 좋아하니까.

60. 이 홀에선 꼭 더블파를 하더라

"이 홀에서는 꼭 더블파를 한단 말이야. 이 홀, 진짜 재수가 없어."

진단   징크스가 있는 홀? 사실 징크스에는 아는 사람만 아는 비밀이 있다. 대부분의 경우는 티잉그라운드 설계에 문제가 있는 것이다. 구조적으로 슬라이스나 훅을 유발하게 되는데, 캐디가 충분히 설명해 주지 않아 골퍼만 모르고 있다. 징크스는 아는 순간 더 이상 징크스가 아니다.

처방   참혹한 결과가 나온다는 홀의 경우, 홀과 내 눈이 잘 안 맞기 때문이다. 에임할 때, 목표와 내 몸의 얼라인먼트가 올바로 되지 않아 스윙이 잘 안 나오게 되는 것이다. 그러니 다시 쳐도 똑같

골프가 안 되는 108가지 이유

은 현상이 나오게 된다. 얼라인먼트 할 때 목표선에 몸이 올바로 평행하게 셋업이 되었는지 측면에서 확인해 달라고 캐디에게 요청하여, 정확한 에임을 하여 샷을 해보라.

매번 안 좋았던 추억을 떠올리면 심리적으로 위축되어 좋은 샷이 나올 리 만무이다.

"이 홀에만 오면 왠지 안 돼!

이런 핑계에 대해 골프 심리학자 봅 로텔라는 이렇게 말했다. "부정적인 생각을 떨치려고 할수록 그것에 얽매이는 강도는 심해지는 법!"

고로 부정적인 생각에서 벗어나는 가장 좋은 방법은 잊으려고 노력하는 것이 아니라, 다른 일에 전념하는 것이라는 조언이다. 예를 들어 이 홀에서 특정 클럽만 들면 실수를 하는 골퍼라면 그 클럽을 아예 집에서 갖고 오지 말거나 수건으로 덮어 둘 일이다.

특정 홀에 가기만 하면 '보기'나 '더블보기'를 한다면 지금까지와는 판이한 공략법을 써볼 만하다.

징크스란 대부분 외부 요인보다는 골퍼의 마음에 달린 경우가 많다. 한두 번 좋지 않은 경험을 하게 되면 그것이 머리에 남고 끝끝내 골퍼들을 괴롭힌다. 징크스 탈출에 묘약이란, 징크스를 떨치려고 억지로 노력하지 않는 것일 수도 있다.

61. 컵이 바늘구멍 같아 보여

"홀 앞에만 가면, 갑자기 컵이 바늘 구멍처럼 작아 보여."

진단 반대의 경우도 있다. 홈런 타자들을 인터뷰하면 야구공이 수박 만하게 보였다고 한다. 짧은 거리의 퍼트를 놓친 골퍼들은 꼭 홀이 공보다 작아 일어난 일인 것 같다. 사실 심리적으로 위축되면 컵이 실제 사이즈보다 더 작게 느껴질 수 있다. 과감성이 필요한 순간이다.

처방 홀컵을 맨홀 구멍 만하다고 상상하고 자신 있게 스트로크 해야 한다. 골프 공을 맨홀에 굴려 넣다니, 긴장할 필요가 전혀 없을 것이다.

실제 그린 위에서 골프공 보다 큰 볼, 즉 테니스공으로 퍼팅 연습을 해보는 방법이 있다. 생각 외로 홀 안으로 잘 들어가는 것을 알 수 있다. 작은 볼은 훨씬 더 잘 들어간다는 생각을 갖고 이제 실제 골프 볼로 연습해보자. 맨홀에 공이 굴러 들어가는 느낌일 것이다.

세계적 선수들도 1~2m 이내 거리의 짧은 퍼트를 놓쳐서 우승을 남에게 주는 경우가 허다하다. 사실 이런 숏퍼트는 넣어도 본전이다. 성공률을 높일 수 있는 방법은 다른 것 다 필요 없고, 그저 과감함만 필요하다. 홀 뒤에 공이 있다고 생각하라. 그리고 그 공을 맞힌다는 기분으로 스트로크하면 홀 앞에서 힘이 떨어져 홀을 벗어나는 실수를 줄일 수 있다. 조금 강한 스트로크만이 성공의 열쇠이다.

짧은 퍼트 때 홀 주변의 경사를 너무 의식해서는 안 된다. 홀 주변에 경사가 조금 있는 경우엔 홀 바깥쪽을 공략하는 것보다 안쪽을 공략하는 것이 성공률을 높이는 비결이다. 마음이 불안하면 골퍼 눈에는 없는 경사도 보이게 된다.

골프장에 1시간 전에 도착해 짧은 퍼트를 30여타 정도 연습하고 들어가면 그날 분명히 2, 3타는 줄일 수 있다.

62. 친구들이랑 치면 실력이 안 나와

"친구들이랑 치면 마음은 편한데, 스코어는 잘 안 나오더라고!"

진단

본인이 진정한 고수라면 누구와 쳐도 문제가 없지만, 내가 초보자나 중하급자라면 동반자를 가리는 것이 좋다. 비슷한 핸디캡을 가진 친구들과 계속 라운드를 하면 크게 이기고 지는 것 없이 명랑골프를 즐길 수 있다. 그런데 실력은 모두 하향평준화 되고 만다는 것!

처방

비슷한 또래, 서로 사는 곳도 같고, 무엇보다 실력이 엇비슷한 골퍼들끼리 자주 어울리게 된다. 당구, 탁구도 마찬가지지만, 골프는 어느 선에서 딱 멈추고 마는 느낌이 든다.

　백돌이들끼리 계속 어울리면 골프를 잘하는 것이 뭔지를 모른다. 모두 백돌이니까 불편함이 없고, 실력향상에 목말라 하지도 않는다. 우리가 돈을 내고 프로에게 스윙을 배우는 것은 그 사람이 내가 모르는 것을 알고 있기 때문이다. 그래서 동반자에게 뭔가를 배우려면 최소한 자신보다 핸디캡이 5에서 10은 차이가 나야 한다. 즉, 100을 치는 골퍼는 90 내외를 치는 보기돌이와, 90대는 80대를 치는 중고수와, 80대는 왕싱글과, 70대 후반 80대 초반을 치는 물싱글은 유능한 프로와 계속 동반 라운드를 해야 실력 향상을 맛볼 수 있다.

　나보다 뛰어난 친구들하고 치면 얼고 쫄아서 더 안 된다고 하는 사람들도 있다. 나를 얼고 쫄게 하니 그들이 나보다 고수인 것 맞다. 하다보면 "이런 부분이 나보다 낫구나. 아, 이럴 때 이런 해결방법이 있구나. 어, 내가 알고 있는 방법보다 이게 더 쉽고 효과적인데…"라며 스스로 깨닫게 된다. 궁극적으로는 "이들도 사람이구나. 나도 이들처럼 될 수 있구나!"라는 득도를 한단 말이다.

　가끔 눈에 안 띄다가 어느날 갑자기 나타나 몰라보게 향상된 실력을 보여주는 친구가 있다. 틀림없이 고수들과 내기도 해보고 수많은 패전을 경험하여 단련된 것이리라.

63. 캐디가 없으니 잘 안 되네

"캐디가 없으니까 불편하기도 하고, 샷도 엉망이군!"

진단 모든 것을 지나치게 캐디에게 의존하고, 캐디가 없으면 전혀 게임을 못하는 사람이 있다. 만약 외국에 나간다면 어떻게 할 것인가. 또 실력 없는 캐디를 만나면 또 어떻게 할 것인가? 캐디에게는 약간의 도움만 받는 것이지, 모든 판단과 선택은 자신이 해야 한다.

처방 똑같은 골프장이라도 캐디에 따라 알려주는 코스의 형태나 거리, 퍼팅브레이크 정보가 매번 다를 수 있다. 사람의 눈이 다 같을 수는 없다. 나름대로의 시각이 다르기에 사람에 따라서는 많은 차이를 보이기도 한다.

캐디에게 어떤 도움을 받는지 냉정히 생각해 보시라. 채 잘 닦아주고, 목마를 때 물 주고, 카트 운전 잘하고 농담 잘 받아주며, 심지어 더블보기를 스코어카드에 그냥 보기로 적어주는 그런 서비스에만 만족하진 않았는지…

사실 캐디의 기술적 조언을 받아도 그대로 따라 하기 힘든 법이다. 아주 객관성 있게 정확하게 알려주는 캐디나, 거리 또는 경사(브레이크) 측정기가 있다 하더라도 알려준 정보 그대로 샷을 할 수 있느냐 말이다, 서툰 아마추어가!

자, 캐디는 4명을 다 챙겨주느라 당신에게 매달릴 수 없다. 캐디가 알려주는 것은 참고로 하되 나만의 측정과 계산을 하는 습관을 들여야 한다. 나를 믿는 골프가 나에게 가장 과학적인 방법이다. 캐디 의존 일변도에서 벗어나야 한다.

그러나 당신이 백돌이라면 캐디를 어머니 아니 학교 선생님 심지어 구세주 정도로 받들어서 하나하나를 잘 배울 필요가 있다. 바람이 불 때, 비가 올 때, 벙커에 빠졌을 때 등등 어떻게 쳐야 하는지, 내 고유 전략을 아직 세울 수 없을 때 캐디에게 적극적으로 물어서 도움을 받으면 엄청나게 실력이 늘 수 있다.

64. 하수들이랑은 안 맞아

"하수들 하고 골프 치기 정말 싫다. 십중팔구는 꼭 죽을 쑤더라고!"

 아마 이런 소리 하는 사람은 진짜 10 이하로 치는 '진싱글'은 절대 아닐 것이다. 진짜 고수는 다른 사람의 샷이 눈에 거슬리거나 동반자가 떠들어대도 전혀 신경 쓰지 않고 일관되게 고품질 샷을 선보인다. 그런데 정히 하수 때문에 자신의 샷이 흔들린다면…

 로우핸디캐퍼는 120개를 치는 3명의 동반자와 라운드해도 자신의 스코어를 친다.

그런데 간혹 스윙 능력이나 테크닉은 로우핸디캐퍼 수준이지만 멘탈 면에서는 하이핸디캐퍼인 사람을 본다. 결국 골프 스코어는 스윙 테크닉이나 샷의 질과 능력으로만 결정되는 게 아니고 멘탈 컨트롤 능력이 상당한 역할을 하고 있다는 것이다. 진정한 고수는 멘탈 수련법을 익혀 둔 사람이라 할 수 있다. 당신이 진정한 고수로 가기 위해서는 천둥벼락이 쳐도 바위처럼 요동하지 않는 정신자세를 가져야 한다.

'하수'들과 라운드를 하게 돼 정신이 산란하다?

이럴 때일수록 침착모드로 들어가자. 고수들의 몇 가지 자세를 알려드리겠다. 사소한 것이라고 무시하기 쉬운 대목들이지만, 진리는 원래 사소함 속에 있는 법이다.

첫째, 고수는 티를 꽂는 자세가 차분하다. 다리를 곧게 펴고 볼과 티를 동시에 잡은 뒤 허리를 구부려 지면에 살포시 꽂는다. 이래야 몸이 경직되지 않는다.

둘째, 고수는 자신의 티샷 차례가 오기 전에 이미 장갑을 끼고 손을 편안하게 튜닝을 하고 있다. 물론 티와 볼도 함께 주머니에 넣고 대기하고 있다. 하수들은 자신의 차례가 돼서야 허둥지둥 장갑을 찾는다. 찍찍이를 알맞게 조정하지 않고 그립을 하면 채가 손 안에서 흔들릴 수 있다.

사자는 들쥐 한 마리를 잡을 때도 최선을 다한다. 하수라고 얕보다가 큰 코 다치는 수가 있어요~!

65. 고수들과 치면 맥을 못 춰

"자기보다 나은 사람하고 치라는데, 난 고수들 하고만 치면 맥을 못 춘다니까!"

 손자병법에 '이겨놓고 싸우라.'고 했다. 가뜩이나 실력도 뒤지는 상태에서 정신력이나 기싸움 마저 꿀린다면 그나마 자기 기량마저 발휘 못하는 것은 너무나 당연하다. 남으로부터 받는 스트레스를 내쳐야 하는데, 스스로 스트레스를 가하니 쫄 수밖에 없다.

 "그들처럼 잘 쳐야지."하는 중압감이나, "그들처럼 못 쳐서 쪽 팔리는 거 아냐?" 하는 부담감이 문제다. 아예 "고수에게

한 수 배워야지." 하는 자세로 들어가면서 결정적 순간에 "나도 저들이 못하는 기술을 하나 발휘해야지." 하는 작전이 필요하다. 고수들은 샷의 리듬, 템포, 스윙 흐름 등이 나와는 다르다. 그들의 특별한 샷들을 인정해 버리고 정면승부를 포기하면 나도 나만의 기량이 나온다. 슬금슬금 그들의 감각이나 느낌을 내 눈에 넣을 수 있다. 보는 것이 배우는 것이고 배우면 곧 내 것이 되니 고수들과의 라운드는 얼마나 좋은 기회인가.

여기서 고수들의 좋은 습관도 배우기 바란다.

그들은 타석에 올라가서 허둥지둥 볼을 찾거나 동반자와 캐디에게 티(티펙)를 달라고 하지 않는다. 자잘한 것일수록 철저히 준비한다.

라운드 전날 술을 엄청 퍼마시고 냄새 풍기며 후들거리는 다리로 나타나는 사람들은 모두 하수다. 고수는 골프 약속이 잡히면 며칠 전부터 몸 관리에 들어간단 말이다.

최고로 중요한 것 한 가지!

고수는 티오프 전에 충분히 몸을 푼다. 대개 티오프 1시간 전에 골프장에 도착해 여유로운 시간을 갖지만 계백장군들은 티오프 시간에 딱 맞춰 골프장에 오거나 숫제 늦는다.

사전 준비도 없이 티잉그라운드에서 윙윙거리며 연습 스윙을 오래 하는 하수는 절대 좋은 공을 날리지 못한다.

66. 난 기복이 너무 심해

"난 기복이 너무 심해서 문제야. 지난번엔 똑 같은 코스서 싱글을 쳤는데..."

진단 물론 골프는 70대를 치다가도 어느날 100을 넘기기도 하는 희한한 운동이긴 하다. 그러나 어쩌다 좋았던 단 한 번의 점수만 기억하고 있다면 늘 기복이 심한 것으로 느껴질 것이다. 골프건 다른 스포츠건 자신을 직시할 수 있는 사람이 실력 향상이 빠르다.

처방 어느 날 골프가 너무너무 잘 된다. 드라이버샷은 14번 내내 페어웨이를 반으로 가르고, 거리도 짱짱하게 나고, 아이언 샷도 핀 빨이 착착 보이고, 아무리 긴 거리를 툭 쳐도 공 근처에 와서 머무는 퍼팅! 골퍼는 기고만장한다. "이제야 스윙이 제대로 되는 구나. 아! 비로소 득도를 한 거야."

그러나 다음 라운드에 가면 엉망이다. 그 잘 나가던 드라이버샷을 도대체 어떻게 쳤는지 기억조차 나지 않는다. 잘 됐을 때의 '감'을 애써 재현하려 하지만 더욱 안 되고 만다.

왜 이럴까? 답이 있는 걸까, 아님 골프라는 불가사의가 주는 인류의 영원한 숙제일까? 사실 골프가 잘 될 때, 자신이 어떻게 괜찮은 샷을 날렸는지 충분히 연구해 두지 않아서 그렇다. 그리고 잘 안 되는 지금, 자신이 어떻게 하고 있는지도 살피지 않기 때문이다. 오르막 내리막은 분명히 구체적 이유가 있다. 그걸 찾아서 원래대로, 좋은 쪽으로 돌아가야 한다.

잘 맞은 드라이버샷을 예로 들자. 평소와 달리 그날은 거리와 방향 모두 죽여줬다. 좋은 기분으로 가볍게 흔들었을 것이다. 하체를 잘 고정시키고 어깨를 제대로 돌려주었고, 템포를 잘 유지했을 것이다. 이때가 중요하다. 이것은 아직 내 실력이 아니다. 잠깐, 아주 잠깐 '그분'이 간을 보러 오셨을 뿐이다. 그분을 제대로 영접했어야 한다. 그 잘 맞았던 스윙의 핵심을 간직해야 한다. '몸에 기억을 심는 노력'이 필요하다. 같은 방식으로 여러 차례 반복 연습을 하면 좋다고 했다. 그 구체적인 핵심요인을 신경 써서 입력시켜 놓자.

67. 첫 홀, 첫 타는 꼭 이러더라

"나는 첫 타 치기가 무서워~! 첫 홀 첫 타는 꼭 이렇게 실수한다니까."

진단 골프의 징크스를 정신과 질환에 빗대 분류하자면 '첫 홀 강박증'이 분명 있을 것이다. 그것에 걸려 헤어나오지 못하는 사람이거나, 말도 안 되는 첫 홀 '일파만파'나 '올보기'를 믿고 아무렇게나 성의 없이 치는 사람들이 꼭 쪼루를 낸다.

처방 골프에서 가장 어려운 샷은 무엇일까? 그 어떤 리커버리샷보다 '첫 홀 티샷'이라고 한다. 프로들이나 교습가들도 이구동성으로 말한다. 첫 홀 티샷은 무지 중요하면서 무지 어렵다고.

누구나 "오늘은 잘 쳐야 한다."는 심리적 부담을 갖고 타석에 오르기

  골프가 안 되는 108가지 이유

마련이고 그러다보니 어려운 샷이 되고 만다. 대개는 부담을 빨리 떨쳐버리려고 서둘러 성급하게 샷을 한다.

물론 타자가 첫 번째 볼을 그대로 받아쳐 홈런을 만들어 내듯 그런 샷이 나오지 말라는 법은 없다. 그러나 대부분 첫 티샷 결과가 안 좋다.

첫 티샷은 아마추어들 입장에서, 다시 말해 78~100회의 스트로크 중에서 가장 정성을 들여야 하는 샷이다.

자, 그날 라운드에서 가장 중요한 비중을 차지하는 첫 티샷 요령을 두 가지로 정리해 보자.

첫째, 거리나 방향에 앞서 안전이다. 한 마디로 가운데로 살살 때려 놓고 보기만 한다는 생각으로 나가자. 공에 힘이 붙어 날아가긴 했는데 OB지역, 해저드, 러프에 들어가 버리면 뭐하겠는가. 그래서 첫 홀 티샷은 특히 거리 욕심 금물!

둘째, 샷 순서를 뒤로 잡아라. 티오프 시각에 임박해 헐레벌떡 티잉그라운드에 올라와 제비뽑기로 첫 샷의 주인공인 '어너'가 되더라도 적절한 핑계로 다른 사람에게 양보를 하시라. 한숨 돌리는 것이 아주 중요하다. 빈 스윙을 충분히 하고 들어가면 골프를 망하게 하는 '첫홀 드라이버 병'은 나타나지 않는다.

68. 따블 판은 꼭 오비가 나

"운도 지지리도 없지, 따블 판은 꼭 오비가 나더라니깨!"

진단   안 맞을 때 그냥 돈질로 들이대는 '땅 스타일'이다. 그러나 흥분한 상태서 잘 맞을 리가 없다. 그러면 또 다시 외친다. "따따!!" 동반자들은 마치 진짜 걱정을 해주는 것처럼 "괜찮겠어? 너무 큰 거 아니야?" 하면서 속으로는 비웃는다. 그러면서 가르쳐준답시고 "힘이 너무 들어가, 힘이 약해…" 완전 놀림감이 되고 만다.

처방   남들이 아무리 염장을 질러도 꿋꿋이 제 갈 길을 가야 할 텐데, 그것이 말처럼 쉽지가 않다. 사람 몸은 내기가 걸리면 근육이 긴장하고 내기의 액수가 커질수록 몸은 더욱 굳는다. 긴장된 근육에서 올바른 스윙이 나올 리 만무하다. 적당한 긴장이 있을 때 올바른 스윙이 나온다. 너무 "땅, 따당, 따따당~" 하지 말아야 살아남을 수 있다. "땅" 정도로 가라앉히자. 사실 긴장감이 너무 없어도 근육이 제대로 움직이지를 않는다.

말 나온 김에 내기골프에서 지지 않는 법 몇 가지를 함께 생각해 보자.

첫째, 고수와 내기를 하면 백전백패이다. 무슨 핑계를 대더라도 피하시라.

둘째, 실력과 무관한 자신감을 가진다. 겁을 상실하란 말이다. 가끔 무명선수들이 유명선수들을 이기는 경우가 있는데 바로 이런 무모한 자신감에서 나오는 결과이다.

셋째, 상대가 답답해서 독촉을 할 정도로 천천히 샷을 하는 느린 플레이를 한다. 상대의 리듬이 깨진다.

넷째, 죽어라 숏게임을 연습하고 나가라. 이게 돈을 가져다주는 최종병기이다.

다섯째, "Last but not least, play your own game." 한마디로 평정심을 잃지 말라는 이야기다.

69. 장갑 찍찍이 소리가 거슬려

"내가 퍼트할 때마다 일부러 장갑 찍찍이 소리를 내더라고. 그래서 오케이 거리 퍼트를 놓친 거야."

진단 티잉그라운드에서 말 거는 사람은 '나쁜 놈'! 페어웨이 세컨샷에서 말 거는 사람은 '아주 나쁜 놈', 그린에서 말 붙이는 사람은 '진짜 나쁜 놈'이라는 말이 있다. 그렇다면 진짜 진짜 나쁜 놈에게 걸렸단 말인가?

처방 드라이버 샷은 쇼에 불과하다고 하지만, 이것이야 말로 한국에서만 통용되는 웃기는 말이다. 골프 본고장에서는 드라이버 샷을 art, 아이언 샷은 science, 퍼팅은 inspiration이란 말이 있다. 드라이버 샷은 과학적인 기술이나 섬세한 느낌의 샷이 아니라 그저 나오는 본능의 샷이란다. 특별한 기술이나 섬세한 테크닉이 필요하지 않다. 이와 반대로 퍼팅은 가장 섬세한 기술을 요한다. 영감과 느낌이 가미되어야 하므로 멘탈의 영향을 많이 받는다. 주변의 방해되는 소리, 빛, 움직임, 심리전에 가장 크게 좌우된다는 이야기다.

상대가 골프 장갑을 벗으면서 찍찍이 소리를 내는 것이 고의적인지 습관인지 살필 필요가 있다. 누가 소리를 내건 말건 대범하게 임해야 한다고 하지만 그게 그리 쉽지 않단 말이다. 확실한 경고를 주고 퍼팅 어드레스를 풀어야 한다.

퍼팅그린에서는 다소 예민하게 움직여야 한다. 내 퍼팅라인에 다른 동료가 서 있거나 깃발이 놓여 있거나 볼이 있을 때는 비켜달라고 요구하고 치운 뒤에 해야 한다. 그냥 무시해도 되지 않느냐 생각하기 쉬운데 미세한 영향을 받는다.

햇볕이 들 때 내 퍼팅라인 상에 그림자가 져도 그 요인을 제거해야 한다. 근처의 큰 나무라면 하는 수 없지만 누군가가 서 있다면 즉각 이동을 명하라!

70. 15홀이 넘어가야 되더라

"난 초반이 약해. 15홀이 넘어가서야 클럽과 코스에 겨우 감이 잡히거든."

진단 당신이 그 유명한 슬로우 스타터? 쌀 떨어져 가는데 입맛 돌면 더욱 배고프고, 공부 좀 당기는데 방학이라고? 그러나 모든 아마추어 골퍼들이 18홀 라운드 동안 과연 몇 개나 마음에 드는 공을 칠 수 있을까? 그리 많지 않을 것이다.

처방 언더파를 팍팍 쳐대는 유명프로들은 어떨지 궁금하다.

기자들은 골프의 신이라 할 수 있는 '잭 니클라우스'와 '타이거 우즈'에게 물었다. "보기를 범했던 1, 2개를 제외하고 70타 정도는 만족한 샷이었겠네요?"

웬걸~, 그들의 대답은 의외였다. 잭 말하길, "라운드 때 스스로 잘 쳤다고 생각되는 것은 서너 개 정도죠!"

타이거 말하길, "저는 잭 선배님 정도는 아니에요. 두세 개 정도만 마음에 들거든요!"

그러니 아마추어들은 스윙에 감이 잡혀 토핑샷, 뒤땅샷 하지 않고 타이밍이 잘 맞은, 마음에 드는 소위 '오잘공(오늘 제일 잘 맞은 공)'은 2~3개가 맞을 것이다. 20~30개가 만족한 샷이었다고 한다면 뭘 몰라도 한참 모르는 사람이고 발전이 더딜 뿐이다.

사실 아마추어들은 '우잘공' 마저 자기가 잘 친 양질 샷으로 착각한다. '우짜다 잘 맞은 공'이 '우잘공'이다.

타이밍이 완벽히 잘 맞는 공은 프로나 아마추어에게나 라운드 중에 불규칙하게 온다. 초장에는 영 안 좋다가 꼭 뒤에 괜찮은 샷이 나온다고 믿고 그리 말하는 사람들은 착각을 하는 것일 뿐이다. '그 분'은 아니더라도 '어떤 감'이 오는 그 때는 앞일 수도 있고 중간이나 뒤일 수도 있다. 그때가 항상 오는 것이 아니라는 것을 명심하자.

대개 초반이 안 좋은 경우는 그 사람의 잘못된 습관에 기인한다. 처음은 봐주는 것에 익숙해서 긴장을 하지 않거나 스트레칭이나 빈스윙 등을 하지 않아 그야말로 몸이 덜 풀려서 그런 것이다.

71. 초반엔 잘 쳤는데

"남들은 후반전이 좋다던데, 나는 초반엔 곧잘 맞다가 인으로 들어가면 안 된단 말이야."

 진단   이런 경우는 대부분 방심이 문제인데, 본인은 단지 피로해서 그런 줄 아는 게 문제다. 잘 나가다가 뒤에서 결국 안 풀리면 우리가 흔히 하는 말이 있다. "핸디귀신이 잔디 안에 숨어 있는 게 확실해!" 천만의 말씀이다. 일관된 스윙, 일관된 마음을 갖지 못해 생기는 현상일 뿐이다.

 처방   해이한 마음은 긴장감을 떨어뜨리고 만다. 초반에 잘 맞아 점수가 좋다. 추수를 잘해둔 농부의 심정으로 스코어카드를 보기만 해도 배가 부르다. 물론 동료들의 돈도 내 주머니에 들어와 놀부집 낟가리처럼 잔뜩 쌓여있다. 슬슬 여유가 생긴다. 어느 정도 실수를 한다고 해도, 아니 아무렇게나 친다 해도 본전 빼고 캐디피와 밥값 내기에 충분하다.

이런 생각을 갖는 순간이 중요하다. 별안간 공이 휘기 시작한다. 거리도 얼마 나가지 못한다. 마치 다른 사람이 와서 치는 것같다.

후반에 몸이 풀리면서 체력도 급강하고 승부욕도 확연히 떨어지면 좋은 샷은 더 이상 나오지 않는다.

허둥지둥 이전의 화려했던 '전성기'로 돌아가려 하지만 이미 몸은 내 말을 듣지 않는다. 그동안 많은 연습스윙으로 꾸준히 일관된 샷을 할 수 있는 방법이 몸에 배어있으면 다행인데, 그렇지 못한 것이다.

갑자기 자신감이 저하되는 것도 큰 문제이다. 자신의 몸 컨디션에 따라 컨트롤 해가면서 칠 수 있는 자세가 되어있지 않은 경우이다.

그리고 쓴소리 한 가지! 전반에 아주 좋았다 했는데, 그 중 몇 개는 나무를 맞은 공이 요행수로 페어웨이 안으로 들어왔던 것이거나 동료들이 퍼팅 컨시드를 남발해준 결과 아닌가?

이런 사람은 다양한 스윙방법으로 변화무쌍한 상황에 대처해 나가는 방법을 익혀야 한다.

72. 나는 찬스에 약해

"이상하게 나는 찬스에 약해. 스킨이 많이 쌓여있으면 흥분을 해서 더 안 되더라니까!"

진단 핑계라고만 할 수 없는 이야기다. 인생사가 그렇다. 찬스에 강한 골퍼와 찬스에 약한 골퍼가 분명히 있다. 그렇다고 자책과 포기는 금물! 찬스에 강하다는 것은 위기의 순간에 최고의 집중력을 발휘하는 것이므로 마인드 컨트롤을 통해 어느 정도는 극복 가능하다.

처방 골프 야사에 기록된 유명한 사건이 있다.
필자 vs 뺑코, 즉 필자와 코미디언 이홍렬이 치른 '2011한원혈전'을 잠시 소개하겠다.

 골프가 안 되는 108가지 이유

둘이 맞짱을 뜬 라운드에서 누가 봐도 뺑코보다는 한 수 위인 필자가 여러 홀을 이기고 있었다. 그런데 마지막 18홀에 이르렀을 때였다. 방심하고 있던 필자에게 뺑코는 고도의 심리전을 썼다. 들릴 듯 말듯 이렇게 중얼거리는 거였다. "왼쪽으로 치면 오비이고 오른쪽으로 너무 가도 안 좋은데... 이번에 나는 보기만 해도 되는데... 저 친구는 파를 해야 남은 것을 먹을 수 있고..."

결과? 뺑코의 말대로 되고 말았다. 특별한 상금이 걸린 그 홀에서 필자가 트리플보기를 해서 보기를 한 뺑코에게 엄청 깨졌던 것이다.

집중력이 강한 골퍼가 찬스에 강하고, 결국 실력이 좋은 골퍼라 할 수 있다. 이런 골퍼들은 내기골프나 약발이 오르는 상대방과의 게임에서 좋은 게임을 펼칠 수 있다. 반대로 찬스를 제대로 활용하지 못하는 골퍼의 경우는 여러 홀을 돌고 나면 하체의 힘이 떨어져 힘이 과도하게 들어가서 악성 훅볼이 나온다. 집중력이 떨어져 상대방이 조금만 신경을 건드려도 실수를 하게 된다.

사람의 몸에는 자신의 평상시 힘을 넘어서는 알파의 힘이 숨어있다. 그 힘이 결정적 순간에 상황을 뒤바꾼다. 찬스에 강하려면 마음을 다스릴 줄 알아야 한다.

73. 어젠 잘되더니 오늘은 꽝이네

"난 하루 잘 되면 다음날은 안 돼. 어제는 엄청 잘 쳤는데, 오늘은 죽을 쑤네."

 진단 하루 잘 되면 하루 안 되고, 그러면 다음날은 또 잘 될 테니 그나마 다행이라고 해야 하나? 아마추어뿐 아니라 프로에게도 공이 잘 맞는 날이 있고 그러지 않는 날이 있는 법! 근데 가슴에 손을 얹고 생각해 보라. 어제 진짜 잘 치긴 쳤는가?

 처방 같은 코스라도 다음날이면 티잉그라운드 위치가 달라져 지형이 다른 홀로 변하기도 한다. 날씨도 달라지니 어제의 컨디션이 그대로 유지되지 않는다. 무엇보다 골퍼의 몸 상태가 매일매일 조금씩이라도 다르니, 공 맞는 게 똑같은 것이 오히려 이상한 일이다.

아마추어들은 오직 알고 있는 한 가지 틀에 박힌 스윙 테크닉만 구사하려 하니 달라지는 환경에 적응하지 못한다. 예를 들어 '오늘은 바람이 많이 부니 어제와 달리 스윙 크기를 작게 하고 밀어주고 찍어주는 샷으로 볼을 깔아야 한다.'와 같은 매니지먼트 능력을 가져야 한다. 또 다른 상황일 때는 또 거기에 맞는 스윙의 크기와 모양이 나와야 한다.

프로가 아닌데 그런 변화무쌍한 기술을 어떻게 발휘하냐고? 노력이라도 하시라. 그래야 꿈에 그리는 7자를 그릴 수 있다.

모든 골퍼가 틀에 박힌 스윙을 고집하는 경향이 있다. 자신의 체형에도 맞지 않고 그날의 상황에도 맞지 않는 스윙이 좋은 결과를 가져다 줄 리가 없다.

컨디션과 상황이 다르니, 할 때마다 똑같은 샷이 나올 수 없다. 특히 타이밍을 조절하는 움직임을 살펴보면 그 순서와 양이 늘 다르기 때문에 늘 다른 샷이 나오는 것이다. 아마추어일수록 편차가 크다. 그 편차를 줄여가는 연습, 즉 타이밍을 잘 맞추는 연습은 골프 채 놓을 때까지 쭉~ 해야 한다.

74. 드라이버가 잘되면 퍼트가 안 되고

"드라이버가 잘 맞는 날은 퍼트가 안 되고, 퍼트가 잘되는 날은 드라이버가 말썽이고…"

 아마추어들이 입에 달고 사는 소리이다. 그런데 진짜 그럴까? 사실은 대형사고를 일으키지 않았을 뿐이지 드라이버도 퍼터도 잘 안 되었을 가능성이 크다. 자신도 모르게 조금 나은 정도를 아주 잘 친 것으로 착각을 하고 있는 것이다.

 골프에서 뭐 하나가 잘되고 다른 것은 전혀 안 되는 현상은 거의 없다. 부분적으로 고장이 날 수는 없다는 이야기다. 미안하지만 그렇게 느끼는 것뿐이다. 모든 샷은 처음부터 끝까지 연결되어 있다.

처음 골프에 입문하여 주구장창 7번 아이언만 몇 달을 치다가 코스에 나갔다면 아이언 7번은 그런 대로 되는데, 다른 건 안 된다고 할 수 있다.

다른 거 다 못하는 사람이 드라이버 샷 하나만은 기가 막히게 잘해 300야드를 페어웨이 마음먹은 지점으로 보내고 그러지는 못한다.

하지만 골프라는 게 퍼팅만 하는 것도 아니고, 드라이버 하나만으로 끝나는 게임이 아니므로 아이언과 숏 게임까지 마무리를 해주어야 하지 않는가.

그러나 이런 상황은 충분히 가능하다. 오늘 컨디션 난조로 드라이버 샷이 아주 안 좋았다. 그래서 그립도 바꾸고 자세를 좀 달리 해봤다. 그랬더니 어느 정도 된다. 그것은 그날의 특별한 신체특성에 맞춘 것이다. 그런데 그러다 보면 다른 것들은 일관성이 깨져 죽을 쑤게 된다.

모든 샷에는 엄연히 연관성이 존재하는데 그걸 무시하고 드라이버 또는 아이언, 숏 게임에서 각기 다른 샷을 구사한다면 어느 것 하나가 심한 난조에 빠질 수도 있다.

스윙 크기가 2m인 드라이버 샷이나 겨우 3cm의 스윙 크기로 하는 스트로크나 방식, 자세 모두 일관되어야 한다.

75. 반대로 하니 헷갈려

"정상적으로 하니까 안돼서 반대로 해봤거든. 그런데 더 헷갈려~!"

진단 "정상적으로 안 되면 역으로 하라."고 했다. 모로 가도 서울만 하면 되니까. 시도는 좋은데 왜 결과가 안 좋을까? 마음만 반대로 하는 것이지 실제로는 변화를 주지 않는 경우가 대부분이다. 마음과는 달리 스스로 잘 안 된다고 생각하는 방식 그대로 하고 있는 것이다.

처방 짜장면 집 아무리 해도 안 되는 경우라면, 배운 게 도둑질이라고 계속 짜장면 집만 고집 할 것이 아니라 청국장집도 해볼 일이다. 안 해본 일을 해보는 것이 더 좋은 방법이 될 수가 있다.

 골프가 안 되는 108가지 이유

골프를 하다 보면 은연중에 남을 그대로 따라 하는 수가 있다. 홀에 공이 쑥쑥 들어가는 동반자를 보고 그의 그립 형식을 취해보고 공을 미는 방식도 흉내내 본다. "어, 나도 되네!"일 수가 있고, "에이, 난 더 헷갈리네!"가 될 수도 있다. 남의 기술이 그렇게 쉽게 내 몸으로 들어오지는 않는다. 일시적으로 잘 될 수는 있다.

스윙에 문제가 있다는 지적을 받고 뭔가 변화를 줘야겠다는 결심을 했다면 아이언 샷을 가다듬어보라 했다. 잘 안 될 때 현장에서 바로 해볼 수 있는 것은 스윙 크기 조절이다. 작았다고 생각되면 크게, 지나치게 컸다는 생각이 들면 작게 줄여보는 것이다. 샷의 결과가 훨씬 좋아졌다면 적극적으로 개선할 필요가 있다.

그런데 알아둬야 할 것이 있다. 뭘 어느 정도는 알아야 '방식을 바꿔보는 시도'를 할 수 있는데, 기초가 없는 사람이 잘 안 된다고 과감히 다른 방식을 취해보면... 아, 슬프게도 더 안 된다!

결국 어느 정도는 기본이 갖춰진 골퍼라야만 자신이 지금 정상적이 아니다 싶을 때 스윙의 방식을 역으로 또는 일부분 수정을 해볼 수 있다는 것이다. 스윙 크기, 체중 싣기, 그립 방식과 강도, 공의 위치 등을 반대로 해봤을 때 좋은 결과를 얻을 수 있다.

76. 어, 오늘 왜 이래?

"어, 오늘 왜 이래? 이럴 리가 없는데..."

진단 안 맞는다. 그런데 왜 안 맞는지 모르겠다. 잘못된 샷을 하는 사람에게 "당신 지금 뭐하는 거야?" 하면 "어, 오늘 왜 이래?!"라고 한다. 오죽했으면 골프를 우리말 여섯 글자로 하면 '어,오,늘,왜,이,래'라는 우스개 소리가 있을까.

처방 머리 올리는 사람도 20~30년을 친 사람도 예외가 없다. "어, 오늘 정말 이상하네!" 하다가 급기야 "미치겠네!"라는 말을 자기도 모르게 내뱉는다.

자신이 기대했던 샷의 내용이 아닌, 정말 상상치도 않았던 엉뚱한 샷이 자주 나오는 것 같이 생각되는 것이 골프다. 아마추어 누구나 그렇다.

매번 이러니 '오늘'은 포기하고 말아야 하나? 아니다. 우리 입에서 이런 말이 나오지 않도록 노력을 해보자. 선생이 있다. 아무리 난감한 상황이라도 스스로 헤쳐 나갈 수 있다. 자기 자신만이 가장 훌륭하고 유일한 스승이다.

작은 것부터 점검을 해보자. 우선 올바른 에임, 볼의 위치, 몸과 볼의 간격, 몸무게의 배분, 발의 모양, 두 발의 폭, 그립을 살펴본다. 자기도 모르는 사이에 생뚱맞은 폼으로 바뀌어 있을지 모른다.

몸의 동작이 바뀌어 있으면 곤란하다. 공은 점점 안 맞게 된다.

리듬, 박자, 타이밍을 찾도록 해야 한다.

연거푸 토핑 샷이 나오면 백스윙을 좀 더 부드럽고 여유있게!

연거푸 뒤땅 샷이 나오면 백스윙 톱에서 한 박자 쉬고!

공은 애인이다. 많이 볼수록 좋다. 아무리 머리 고정 잘하고 멋지게 백스윙을 했더라도 다운스윙에서 공을 안 보면 말짱 꽝이 되고 만다.

공은 어드레스나 백스윙 때보다 다운스윙에서 더욱 집중해야하는 것임을 명심하자.

또한 스윙을 너무 복잡하게 생각하지 말고 한 가지로 단순화시켜라.

여러 가지 복잡한 생각은 몸을 굳어지게 만들면서 긴장을 유발시킬 뿐!

77. 나는 물에 약해

"물 없는 골프장 어디 없나? 나는 원래 물에 약해, 새 공은 더 잘 들어간 다니까."

 진단   워터 해저드에 이르면 어김없이 공을 빠트리는 사람들이 있다. 이런 사람들은 앞에 물만 보이면 몸이 먼저 굳는다. 이런 상황이니 좋은 스윙이 나올 리가 없다. 분명히 알아둘 것은 원래부터 물에 약한 사람은 없다. 모든 것은 결국 멘탈의 문제다.

처방   물에 공을 빠트리면 안 된다는 압박감과 스트레스가 있으면 오히려 스윙에 문제가 생긴다. 자신 있고 자유로운 스윙이 나

 골프가 안 되는 108가지 이유

오지 않는다. 오히려 워터 해저드가 태평양 바다라 생각하고 그 곳에 공이나 클럽을 던져버린다는 상상을 하면 속 시원한 스윙이 나오게 된다.

그리고 물에 빠졌다고 지구가 날아갈 정도로 한숨만 쉴 것이 아니라 물가로 가봐라. 해저드 구역 안에 있지만 물에 완전히 빠지지는 않은 공을 한번 때려보자. PGA프로만 되는 거 아니다. 우리도 된다. 물론 누가 보더라도 안 된다 싶을 땐, 1벌타 후 드롭해서 최대한 스코어를 지키는 것이 현명하다.

자, 공의 상태와 상황을 제대로 판단해보자. 먼저 공이 물에 살짝 닿아 있거나 해저드 러프에 있는지 살펴보자. 이때 볼이 오르막 라이로 있으면 의외로 샷이 수월하게 나온다. 하지만 내리막일 때는 미련 없이 그냥 집으라는 것이다. 공이 더 깊이 처박혀 치명적인 스코어로 연결될 확률이 높으니까.

그러니까 해저드에 들어간 공이 완전히 물에 잠기지 않고 살짝 닿아 있거나 풀 위에 있고, 다행히 평평하거나 오르막이라면 과감하게 샷을 해보자는 것이다. 이때 관건은 중심이 무너지지 않도록 스탠스를 넓고 굳건하게 잡아 하체의 흔들림이 없어야 한다는 것이다.

자, 준비가 됐으면 샷을 하는데, 최대한 콤팩트하게 해서 그저 볼을 때려 탈출만 시킨다는 생각을 하면 1타는 너끈하게 번다.

참, 얼굴이나 흰 옷에 물이 튄다는 것쯤은 각오하고!

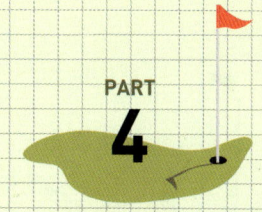

이상하게 안 풀리네!
(상황편)

78. 퍼터가 낯가림을 하네

"새로 사서 처음 사용하는 퍼터인데, 이거 얘가 낯가림을 하네!"

진단   이 핑계가 마음에 들어 골프 할 때 마다 새 퍼터를 갖고 오는 사람들이 있다. 나중에 퍼터 장사를 해도 될 만큼 모으기도 한다. 그러나 퍼터가 낯가림을 할 리는 만무하다. 오히려 새 신을 신으면 기분이 좋은 것처럼 새 퍼터로 하면 기분이 좋으니 스윙이 잘 되는 것이 정상이다.

처방   신혼 초엔 배우자에게 비교적 잘한다. 그냥 바라만 봐도 좋기 때문이다.

어떤 클럽이든 처음 손에 쥐고 스윙하면 정신적으로 "내 것이다!"라는 설레임과 흥분Hyper 으로 스윙이 잘 되기도 한다. 그러나 기본적인 자세가 갖추어져야 이것도 가능하다. 새 퍼터일수록 기본에 충실해야 함을 잊지 말자.

퍼팅 스트로크의 기본은 톱 스핀이다. 톱 스핀을 잘 주기 위한 자세는 첫째, 공의 위치를 왼발 쪽에 가깝게 놓아야 한다. 둘째, 왼발에 오른발보다 10%~20% 몸무게를 더 실어야 한다.

대부분의 아마추어 골퍼들은 볼이 잘 맞지 않을 때, 더 잘하고 싶은 욕심에 신제품이 나오면 망설임 없이 장비를 바꾼다. 퇴출시킬 교체품 중 1순위가 퍼터이다. 그리고 퍼터를 교체하면 짧은 시간에 예상보다 더 좋은 결과가 나오기도 한다. 그러면 새 퍼터 덕이라 생각한다. 하지만 여기엔 그럴 수 밖에 없는 비밀이 있다. 드라이버나 퍼터 등 클럽을 새로 교체하면, 호기심도 생기고 또 익숙해지기 위해서 연습을 더 많이 한다.

새 것이라는 기대에 관심과 집중력이 더 높아진다. 이것이 의학에서 말하는 일종의 위약효과, 즉 '플라시보 이펙트Placebo Effect'다.

79. 볼이 디봇 안에 박혔어

"참 재수도 없지. 볼이 디봇 자국 안에 박혀 있지 뭐야."

진단 어김없이 토핑을 치고 말았다. 볼의 라이가 나쁜 것은 어쩔 수 없다. 그러나 모처럼 페어웨이 한가운데로 잘 날린 볼이 디봇 divot(다른 이의 샷에 의해 뗏장이 떨어져 나간 곳)에 빠지면 분통이 터진다. 당연히 프로골퍼들도 아주 싫어한다. 최근에 디봇 자국에 놓인 볼에 대해서는 무벌타 구제를 받을 수 있도록 룰을 개정하자는 주장이 나올 정도이다.

 골프가 안 되는 108가지 이유

처방

그렇다고 방법이 전혀 없는 것은 아니다.

첫째, 자신이 가장 자신 있게 스윙할 수 있고 쉽게 요리할 수 있는 클럽을 선택한다.

둘째, 클럽을 짧게 잡는다. 그립 강도는 보통 때보다 강하게 쥔다.

셋째, 공의 위치를 일반적인 상황보다 오른 발쪽으로 옮겨 자세를 취한다.

넷째, 왼발 쪽에 몸무게를 더 실어준다.

다섯째, 스윙은 걱정하지 말고 단지 다운스윙할 때 지면을 찍어주는 스윙(디센딩 블로)을 하면 된다. 디봇이 깊고 넓을수록 위의 다섯 가지 사항을 더욱 잘 지켜야 한다.

뒤땅을 조심하고 볼부터 깨끗이 때려야 하니까 가파른 각도의 다운블로가 절대 필요하다. 볼이 땅 아래 위치해 있어서 평탄한 스윙으로는 클럽헤드 하단부가 디봇에 걸려 볼의 몸통만을 때리기 쉽다. 가파른 각도로 이른바 '눌러치기'를 해야 한다. 백스윙 때 손목을 좀 더 일찍 꺾어주고 다운스윙 때 양손이 헤드보다 약간 앞서게 하면, 누르듯이 치는 스윙이 가능하다.

디봇 방향이 클럽 페이스 각도에 영향을 준다는 것도 계산해야 한다. 타깃보다 오른쪽을 향하고 있다면 어드레스 때 페이스를 약간 열어주거나 스탠스 정렬 자체를 오른쪽으로 맞춘다. 디봇이 왼쪽을 향할 경우는 물론 반대로 해야 한다.

80. 캐디가 거리를 잘못 알려줬어

"이건 내 잘못이 아니야. 캐디가 거리를 잘못 알려줬다고!"

 가끔 이렇게 남 탓만 하는 사람들이 있다. 그러면 마음이 편한가? 그리고 캐디가 알려준 대로 치기는 쳤나? 확실한 것은 이렇게 남 탓을 하는 사람들보다는 "모두 다 내 탓이오." 하는 사람들이 훨씬 빨리 골프가 는다는 사실이다.

 골프장 유머 하나.
자기 실력이 세계적 프로에 결코 뒤지지 않는다고 자신하는 골퍼가 대단한 코스에서 라운드를 할 기회를 가졌다. 420야드의 상당히 긴 파4홀. 285야드의 어마어마한 거리를 티샷으로 날린 골퍼. 노련한 전문 캐디도 입을 다물지 못한다. "우와~, 지난 주에 왔던 타이거우즈와 거의 비슷한 지점에 떨어졌어요."

"그린까지 135야드. 여기서 타이거는 몇 번을 잡았나요?" 골퍼가 다소 우쭐대며 물었다. "타이거우즈는 피칭웨지를 잡았는데…" 캐디의 말이 끝나기도 전에 그는 큰 소리로 말했다. "나도 피칭웨지!"

그러자 캐디는 난감하다는 듯이 "그것보다는…" 하자 골퍼는 화를 내며 자기가 채를 뽑았다. "나를 무시하는 건가요?"

피칭웨지를 든 골퍼가 힘껏 공을 쳤는데 공은 그린 5야드 앞, 턱이 엄청 높은 항아리 벙커에 빠지고 말았다. "이런~, 타이거는 어떻게 됐었죠?"

캐디의 대답! "타이거우즈도 벙커에 빠트렸어요."

캐디가 완전 초보자가 아니라면 캐디의 모든 조언은 대개 맞다. 특히 거리에서는 더욱 그렇다. 캐디 탓 하지 말아야 한다. 캐디가 봐 준 거리가 잘 맞지 않다 싶으면 본인이 다른 채를 뽑거나 스윙 때 컨트롤을 했어야 한다.

캐디와 궁합 운운하는 사람들이 간혹 있는데, 운동궁합이 따로 있지 않다. 캐디를 신뢰하지 않으면 계속 께름칙한 법이다. 자신의 눈으로 보고, 자신만의 거리감을 익히고, 자신만의 특징을 고려해 그에 맞는 클럽과 스윙 방식을 선택해야 한다.

81. 드라이버 비거리가 짧아서

"나는 드라이버 비거리가 짧아서 말이지. 원칙적으로 불리해!"

 진단 　체급이 없는 운동이 골프! 드라이버샷 200 안 되는 사람이 300 날리는 장타자를 이길 수 있는 유일한 스포츠다. 힘이 센 골퍼가 매번 약한 골퍼를 이긴다면 골프가 지금처럼 사랑받지 못하고 500년 전에 스코틀랜드 목동들이나 했던 자치기로 기억될 것이다. 그래도 일단 티샷이 멀리 나가면 두 번째 샷이 쉬워지는데, 짧다 이거다!

처방 　우선 비거리가 짧아도 세계를 제패한 유명선수들이 많으니, 안심해도 된다. PGA의 코리 페이빈을 보라. 또 우리나라 여

 골프가 안 되는 108가지 이유

자 선수 중에 김미현이나 신지애를 보라. 거리는 짧아도 우승을 팍팍 하지 않느냐 말이다. 또 골프는 누구나 비거리를 얼마든지 늘릴 수 있으니 희망을 갖게 한다. 방법이 뭐냐고? 장비와 훈련이다!

현대기술로 탄생한 최신 드라이버들은 초보들에게도 덤으로 나갈 수 있는 '거리'를 주었다. 우선 채의 샤프트 길이가 44~45인치로 길어져서 원심력을 극대화했고, 클럽 헤드도 크게 해 스위트 스포트를 넓혀서 심리적 안정감은 물론 실제 가운데쯤 적당히 맞히면 멀리갈 수 있도록 만들어졌기 때문이다.

그러나 과거 43.5인치 때보다는 백스윙 등 여러 가지를 신경 써서 충분히 연습해줘야 한다. 많은 프로들이나 전문 교습가들이 외치는 말은 정확한 임팩트가 거리를 보장한다는 것이다.

그리고 아마추어들은 근력운동을 잘하지 않는데, 몸의 힘을 키우면 거리는 자연히 늘어난다. 예전에 애니카 소렌스탐이 선수로서 전성기를 누릴 때, 피트니스 하는 장면이 자주 소개되었다. 우리나라 양용은 선수는 틈만 나면 근육에 힘을 붙이는 운동을 자주 한다고 하고, 체격이 왜소했지만 우승을 수도 없이 했던 왕년의 대 선수 게리 플레이어는 근력운동의 중요성을 설파했다.

어느 운동에나 필요한 것이 체력이다. 골프에서도 거리를 더 늘리고 싶거든 근력운동을 하라. 거리는 나이가 들거나 체격이 작아도 늘릴 수 있으니 이 또한 즐겁고 다행이지 않은가!

82. 상대가 너무 뻣뻣하더라

"상대가 너무 딱딱하게 굳어 있어서, 나까지 몸이 뻣뻣해지더라니까!"

진단   초반전에는 분위기가 좋다가 슬슬 본인이 맞지 않을 때부터 한마디도 하지 않는 '과묵형'이 있다. 분위기가 싸~ 해진다. 그가 더블파라도 할라치면 그야말로 얼음판 냉기가 흐른다. 완전 묵비권 행사에 동반자들은 무슨 피의자로 연행된 분위기다. 초상집에 오래 있다 보면 이유도 없이 슬퍼지듯, 공 안 맞아 다운된 사람 곁에 있으면 우울함이 옮는 것 같다.

처방

골퍼들의 스타일엔 세 종류가 있다. 첫째, 실력이 출중하면서도 재미있는 사람, 당연히 함께 하고 싶은 부류로 손님이 많다.

둘째, 골프 실력은 그저 그렇지만 재미는 있는 사람. 펑크 날 때 불려가는 1순위이다. 레슨 좀 받아가며 나오면 참 좋을 것 같다.

셋째, 어떤 사람인지 짐작하리라. 골프도 못 치면서 거기에 재미도 무지 없는 과묵형 스타일. 그런 사람이 얼굴이라도 찌푸리면 "내가 공이 안 맞는 건 당신하고 치기 때문이야!"라고 따지는 것 같아서 불안하기까지 하다. 당연히 함께 치기 싫은 사람이다.

바람 부는 곳에 놔둔 진흙처럼 굳어 있는 사람과 같은 표정으로 보조를 맞추면 진짜 큰일난다. 그 사람 공이 안 맞는 것은 당연하고 내 쪽까지 망친다는 말이다. 이럴 때 필요한 것이 바로 햇볕정책! 멀리건도 팍팍 퍼주고 긴 거리 퍼팅에도 OK를 외치는 것이다. 선심을 쓰다보면 상대가 바위가 아닌 이상 응답이 있기 마련이고, 분위기는 다시 따뜻해진다. 그래도 상대의 공이 계속 안 맞는다면, 자기의 미천한 실력을 스스로 인정하고 더 이상 분위기를 흐리지 않을 것이다. 하늘이 두 쪽 나도 내 스윙 흐름을 죽이면 안 된다.

83. 골프채가 싸구려라서

"내 채는 국산 싸구려라서 공이 영 안 맞아. 연필이 나쁜데 어떻게 글씨를 잘 쓰냐고?"

진단 명장은 연장 탓을 안 한다지만, 연장이 경기력에 영향을 주는 것은 사실이다. 그런데 골프채만큼은 꼭 유명 브랜드여야 한다는 것이 이 땅의 골퍼들이 갖고 있는 한결같은, 그러나 잘못된 신앙이다. 필자는 7년째 국산 K사의 채를 쓰고 있는데, 아무런 문제도 없다.

처방

게리 플레이어는 스스로 벤 호건을 스승이라 받들고 접근했지만, 말수가 적은 벤 호건은 관심은커녕 본 척도 하지 않았던 모양이다. 어느 날 게리 플레이어가 벤 호건에게 전화를 걸었다. "스승이시여! 제가 쓰고 있는 골프채가 저랑 궁합이 잘 맞는지 조언을 구하고 싶나이다~!" 이 부탁에 벤 호건은 "자네 어떤 골프채를 쓰지?" 하고 물었고 게리는 "던롭입니다."라 답했다.

벤 호건의 대답은 이랬다. "그러면 나보다 던롭 씨에게 묻는 게 좋아!"

아마추어들은 100여 년 전에 쓰던 나무 소재의 골프클럽을 사용하든 현재의 티타늄 또는 보론 등의 과학적이며 가볍고 좋은 클럽을 쓰든 평균 스코어에는 변함이 없다. 프로 선수들은 클럽의 발달에 따라 평균 스코어에 많은 향상이 있다.

따라서 아마추어들, 그중 특히 초보자들은 싸거나 비싼 클럽이 스윙에 아무런 영향을 미치지 못한다.

우리나라는 이미 골프 강국 대열에 들어서 있다. 선수 배출뿐 아니라 용품에서도 세계적 제품이 나오고 있다. 클럽도 예외가 아니다. 국산 클럽으로도 얼마든지 실력향상을 이룰 수 있다.

84. 캐디가 내 스타일이 아니야

"캐디가 내 스타일이 아니어서, 공도 안맞고 경기도 엉망이야."

진단 캐디를 아주 만만하게 여기는 골퍼들이 있다. 라운드 하면서 자신이 잘못 친 샷에 대해 화를 내거나 핑계를 대는데 엉뚱하게 캐디가 그 희생양이다. 특히 거리를 잘못 불러주어서 그린에 미치지 못했다고 말하는 사람들이 있다. 또 퍼팅 실패 후, 캐디가 그린에 공을 잘못 놓았다고 하기도 하는데 원칙적으로 캐디가 공을 놓는 것은 룰 위반이다. 성적이 좋지 않으면 막연하게 "캐디를 잘못 만나서…"라고 탓하는 것이다.

처방 캐디와 골퍼는 '눈의 주시성'도 서로 다르고, 주시성에 따라 에임이 달라지니 거리나 지형을 보는 감각이 각각일 수밖에 없다. 거기에 바람, 업다운 정도, 특별한 지형의 형태 등 상황에 따라 고려해야 할 요소가 있다.

가장 중요하고 우선시해야 하는 것은 나만의 감각이다. 나만의 확고부동한 시각과 느낌으로 판단하는 것에 익숙해지는 연습이 필요하다.

또한 캐디는 경기보조원이지 같은 팀의 일원도 아니고 개인 코치나 훈수꾼도 아니다. 캐디가 하는 말은 그의 의견일 뿐이지 따라야 하는 지시사항이 아니다. 골프는 철저하게 자신과 외로운 싸움을 하다가 결단을 내려야 하는 운동이다. 공과를 모두 골퍼 스스로 갖는 것이다.

우리나라 골퍼들은 캐디의 도움으로 라운드 하는 것에 익숙해져서 자신도 모르게 캐디에게 많은 것, 심지어는 전부를 의지하고 위탁하는 습관이 몸에 배어버렸다. 그래서인지 경기와 상관없는 캐디의 성격이나 용모, 말투까지 신경쓴다.

캐디가 개별적으로 지닌 정보력, 판단력 등이 상황을 달라지게 하겠지만 플레이의 주인공은 어디까지나 골퍼이다. 모든 판단과 결정, 그에 따른 결과는 골퍼 자신이 책임져야 한다.

필드 위의 연인인 캐디와 친해져야 되고 도움도 받아야 되지만 지나치게 의존하면 경기력은 퇴화한다.

85. 캐디가 공을 잘못 놓았어

"캐디가 공을 잘 못 놓아서, 브레이크가 반대로 먹었어!"

진단   실로 말도 안 되는 핑계다! 공은 골퍼가 직접 놓게 돼 있으니 잘못 놓았느니 맞게 놓았느니 하는 말부터가 잘못된 것이다. 축구에서 아무리 골대 앞까지 볼을 잘 몰고 왔다 해도 뒷그물을 때려야 점수가 나듯, 드라이버와 아이언 잘 쳐서 그린 위에 올렸다 해도 퍼팅을 못하면 소용이 없다. 퍼팅 라인을 잡는 것은 순전히 골퍼의 몫이다.

처방   캐디와 '눈이 맞아야' 플레이가 잘 풀린다. 특히 그린에서 캐디가 본 브레이크(퍼팅라인)와 골퍼가 본 경사 방향이 다를 경우 난감해진다. 퍼팅 라인을 읽는 방식이 내가 왼쪽 눈 주시이면 캐디도 왼쪽 눈 주시이고, 내가 오른쪽 눈 주시이면 캐디도 오른쪽 눈 주시이면 무난하다. 즉 방향을 읽는 감을 비슷하게 가졌을 때 캐디의 의견을 따르면 틀림이 없다. 캐디와 나의 스타일이 반대이거나 좀 다르면 자신이 스스로 브레이크를 판단하여 에임해야 한다.

골프장에서 캐디와 다투는 사례가 의외로 많다. 한국 골프장에만 있는 풍경이다. 심지어 라운드 도중에 퍼팅라인을 잘못 읽었다고 캐디를 교체하는 예도 있다. 반대로 캐디가 골퍼들의 황당한 요구와 책임 전가를 항의하며 보조를 못하겠다고 경기과에 전화를 하는 경우도 가끔 있다.

버디 퍼트를 성공한 후, 캐디의 브레이크 판단이 정확해서였노라고 칭찬하는 골퍼는 그리 많지 않다. 방향이 잘못 되었거나 길거나 짧을 때, 자기 실력은 탓하지 않고 캐디를 무섭게 노려보는 골퍼들이 더 많다. 골퍼를 도와 경기를 진행하는 게 캐디의 임무일 뿐이다. 예민한 퍼팅에서 실패를 한 것은 철저히 골퍼 스스로에게 책임이 있는 것이다. 그러므로 캐디가 그린에서 라인 방향을 잘못 알려주었다고 원망하거나 불평하는 것은 결국 자신의 잘못을 캐디에게 전가시키는 비겁한 태도이다.

86. 캐디가 거리를 잘못 불러줬어

"캐디가 거리를 잘못 불러줘서, 나 오늘 완전히 망했다고."

진단 캐디가 알려준 대로 치는 것도 아니면서, 이런 말들을 한다. 길었을 땐 자기가 너무 잘 쳐서 그런 줄 알고 별로 말이 없는데, 그린에 미치지 못하면 영락없이 캐디 탓이다. 캐디가 말 한다. "120야드입니다!" 그런데 뒤땅을 심하게 쳐서 볼은 한 걸음 앞에 떨어졌다. 이때 이렇게 말하는 골퍼가 돼서는 곤란하다. "언니야~ 얼마 남았지?"

처방 초보 골퍼일수록 스스로 거리를 판단하는 연습을 해야 한다. 시행착오를 거듭하면서 거리 계산에 필요한 factor들을 감안

하는 요령도 생기게 되는 것이다.

골프장 은어 중에 '캥거루족'이 있다. 누가 골프를 치는 건지 모를 정도로 지나치게 캐디에게 의존하는 골퍼를 말한다. 그린 근처에 다 와서 거리를 물어보는 것도 모자라 골퍼의 클럽 당 거리를 잘 모르는 캐디에게 몇 번 클럽을 써야 하는지 묻는 경우도 있는데, 캐디가 당신에게만 전적으로 붙어 도와줄 수는 없는 노릇이다. 또한 캐디가 시키는 방향과 거리를 그대로 따르는 것도 창의적인 샷을 할 수 없게 만들며, 나쁜 결과를 가져올 수도 있다.

필자와 팀을 이뤘던 동반자 중에는 애꿎은 캐디에게 폭행을 가하려다 오히려 망신살이 뻗친 사람이 있었다. 캐디가 불러준 거리 160야드는 정확했다. 그런데 그는 6번 아이언 대신 9번 아이언으로 친 것. 말할 것도 없이 짧았고, 그는 말도 안 되는 고함을 지르며 빈 클럽을 들고 캐디를 위협했다. "야! 5번으로 치라고 했어야지!!" 나중에 자기가 뽑아든 것이 9번이라는 것을 알고 석고대죄를 해야 했다. 필자 역시 그와의 라운드는 그게 마지막이었다.

캐디는 측량기사가 아니다.

87. 볼이 나빠서

"아쉽다~! 볼만 좋았더라면 훨씬 더 잘 칠 수 있었는데…"

진단 2피스와 3피스의 특징이 뭔지도 모르는 골퍼들이 자주 중얼거리는 말. 상급자는 볼의 타구감에 대한 반응이 민감하므로 볼에 따라서 스윙 템포에 미치는 영향이 크다. 하지만 아마추어나 초보의 경우는 볼 때문에 경기 전체에 영향을 받는 경우는 많지 않다. 물론 좋은 볼로 쳐서 나쁠 것은 없겠지만…

처방 체구 4.2cm에 지나지 않은 작은 공이 부리는 요술은 대단하다. 일반 중하급 아마추어라도 필드에서 가급적 한 종류의 볼을 사용해야 공략 예상지점에 정확하게 볼을 낙하시킬 수 있다.

골프볼에 대한 기본 상식!

딤플이 크고 깊은 볼은 항력이 많아 탄도가 높은 구질, 반대로 딤플이 작고 깊이가 얕은 볼은 탄도가 낮은 구질을 구사하게 된다. 3피스와 4피스는 2피스의 볼보다 골퍼의 스윙 의도에 따라 민감하게 스핀이 반응하여 구질 구사에 용이하다.

프로들의 경기에서는 3, 4홀마다 새 볼로 바꾼다. 아까워라~! 볼에 상처나 잡티가 있는지 자주 확인하여 문제가 있는 것은 과감히 버린다. 볼 표면에 상처가 있는 볼은 방향성과 비거리에 영향을 주기 때문이다.

'골프볼을 알고 선택하면 싱글, 모르고 선택하면 초심자'란 말이 있다. 대개 클럽에 대해서는 매우 까다로우나 볼에 대해서는 관대한 편이다. '누가 줘서', '가격이 싸서' 보다는 자신의 핸디캡, 힘, 감(感)에 따라 선택하도록 하자.

연습장의 볼은 대개 1피스 볼이다. 일반적으로 2피스 볼은 거리를 내기 좋아 초심자와 보기 플레이어가 쓰면 무난하다. 3피스나 4피스는 거리보다는 스핀양이 많아 로우핸디캐퍼와 프로가 컨트롤을 위해 많이 쓴다. 그러나 반드시 초심자는 2피스, 고수와 프로는 3피스가 좋다고 말할 수는 없다. 프로는 정확도와 숏게임 능력이 좋아 그린 컨트롤이 쉬운 3피스를 쓰지만 자신의 느낌에 따라 2피스를 선호하는 예도 많다. 초보자도 부드러운 터치감을 선호한다면 3피스를 사용해도 된다. 따라서 골퍼 스스로 거리, 컨트롤, 감 중에 무엇을 우선으로 하는지에 따라 볼을 선택하는 것이 필요하다.

다음은 영국 '더 골프'가 핸디캡 별로 추천한 골프 볼이다. 한국산 볼이 없어서 유감이다.

- **핸디캡 24 (거리가 우선)**
  타이틀리스트 PTS 솔로, 캘러웨이 빅버사, 스릭슨 AD 333, 나이키 파워 디스턴스 플라이트, 맥스플라이 누들 아이스, 윌슨 스탭 Dx2 소프트 등

- **핸디캡 18 (공격적인 스윙과 거리가 필요)**
  타이틀리스트 NXT, 캘러웨이 빅버사A, 스릭슨 AD 333, 나이키 파워 디스턴스 롱, 맥스플라이 누들 아이스, 윌슨 스탭 Px3 등

- **핸디캡 12 (거리와 섬세한 느낌 중시, 특히 웨지에 대비)**
  타이틀리스트 NXT 투어, 캘러웨이 워버드/HX 핫, 스릭슨 소프트 필, 나이키 원 블랙, 테일러메이드 TP 블랙, 윌슨 스탭 Dx2 소프트 등

- **핸디캡 6 (거리보다는 스핀과 타구감 중시)**
  타이틀리스트 프로 V1, 캘러웨이 HX 투어 56, 스릭슨 Z-URC, 나이키 플래티넘, 테일러메이드 TP 레드, 윌슨 스탭 Tx4 등

 골프가 안 되는 108가지 이유

쉬어가는 페이지

골프 치매

■ 초기 증세

- 화장실을 남녀 구분 못하고 들어간다
- 몇 타 쳤는지 기억하지 못한다.
- "왼쪽 맞지?" 하면서 오른쪽으로 퍼팅한다.
- 짧은 파3홀에서 드라이버를 꺼내든다.
- 세컨샷을 다른 사람 공으로 한다.
- 다른 사람 채를 꺼내든다.

■ 중기 증세

- 회원인데 비회원 칸에다 이름을 쓴다.
- 주중에 운동하면서 "주말 날씨 참 좋다."고 말한다.
- 레이크힐스에 와서 레이크사이드냐고 묻는다.
- 다른 사람 팬티를 입고 나온다.
- 분실물 보관함에 있는 것을 얼마냐고 묻는다.

■ 말기 증세

- 깃대를 들고 다음 홀로 이동한다.
- 골프 치고 돌아온 날 저녁에 아내 보고 '언니'라고 한다.
- 손에 공을 들고 캐디에게 "내 공 달라."고 한다.
- 카트 타고 라디오 틀어 달라고 한다.
- 탕 안에서 그날 동반자 보고 오랜만이라고 인사한다.
- 다른 팀 행사장에 앉아서 박수를 친다.

88. 스윙을 바꾸는 중이라서

"내가 요즘 스윙을 바꾸고 있거든. 아직 익숙하지 않아서 그래."

진단 배우는 학생보다 가르치는 선생이 훨씬 더 많은 스포츠가 골프다. 연습장에서, 코스에서 입 달린 사람들은 다 한마디씩 한다. 심지어는 어제 입문한 사람까지 내 스윙에 대해 이러쿵저러쿵 한다. 이런 말들을 듣고 몇 년 이어온 스윙을 바꾸려 하는 것이다.

처방 어떤 이유에서건 동작을 이리저리 변형시키는 것은 가장 어리석은 일이다. 잘하든 못하든 지금껏 해오던 어떤 포지션의 동작을 억지로 바꾸게 되면 그 동작 한 부분은 쉽게 바뀔지 모르나, 그

부분을 바꾸려고 다른 동작에 영향을 주게 되고 전체적으로 균형이 깨어지는 것이다.

이렇게 기준 없이 동작을 바꾸다 보면, 골프 스윙의 궁극적 발전은 더디거나 아예 멈추고 만다.

자신의 체형이나 조건에 맞는 프리스윙(스윙하기 전 자세를 만드는 모든 면, 즉 에임, 볼의 위치, 몸과 볼의 간격, 발의 모양, 두 발의 간격, 몸무게의 배분, 척추 및 목의 각도, 두 팔의 늘어진 상태, 턱의 각도, 그립 등)을 고치면 몸을 움직여 하는 스윙 동작은 자동으로 자신의 몸에 맞춰 바꿔진다.

특히 골프에 입문한지 얼마 되지 않는 사람들은 평생 함께할 자신의 스윙, 아니 자신에게 맞는 스윙을 익혀야 한다. 그것이 만들어지는 처음 몇 개월, 혹은 몇 년 간은 그래도 현재 하고 있는 스윙이 가장 보편화 되어있는 정통의 스윙법이라는 주위의 말을 들었다면 지금 상태를 유지하고 계속 배우는 것이 더 좋다.

큰 문제가 있는 사람은 스윙을 고쳐야 하겠지만 그게 쉽지 않고 오히려 부작용이 난다는 말이다. 8자 스윙으로 유명한 짐 퓨릭! 짐 퓨릭의 그 이상한 스윙은 자기에게 고착화되었기에 다른 폼으로 바꾸지 않고 그대로 간다.

박세리는 미국에 가서 스윙을 바꿔 크게 성공한 경우지만 그 전에 피나는 노력이 있었다. 김미현은 한때 오버스윙을 고쳐보려 했지만 더 어색하여 같은 스윙을 아직까지 유지하고 있다.

89. 독학은 문제가 있어

"혼자서 배웠더니 한계가 느껴져. 독학은 아무래도 뭔가 문제가 있어."

 진단 일단 돈은 아꼈다. 그런데 나중에 알고보니 자신의 폼이 지구인의 것이 아니란다. 골프 연습 중에 가장 나쁜 것이 혼자 하는 연습이라는 것을 몰랐던 것이다. 제대로 동작을 배우지 않은 상태에서 나 혼자만의 연습에 몰두하는 것은 대단히 위험하며 시간 낭비가 될 수 있다.

 처방 세상에는 참으로 많은 골프 이론이 있고, 그런 이론이 다 맞는 것은 아니다. 자신에게 맞는 이론을 취사선택할 수 없는 초보자들은 나홀로 연습이 위험하다. 물론 이론과 실기를 다 터득한 로우핸디캐퍼들은 문제가 되지 않는다. 그러나 이제 자세를 익혀나가는 초보자들에게 독학은 치명적인 골프의 저주를 내린다.

교습생 중심 Students centered model 의 교육이 아니라 교사가 체험한 자신의 노하우를 알려주는 교사 중심 교육이 대부분이기에 교사의 상태가 어떠냐에 따라 이론이 분분할 수 있다. 우선 자신과 가장 잘 맞는 선생님을 찾는 것이 중요하다. 가급적 선생님과 나의 몸 상태, 즉 키와 상체 너비, 팔 길이, 근력과 유연성 상태, sensory system, 두뇌 발달형 등이 비슷하면 금상첨화일 터!

골프가 어려운 이유 중 하나는 자신의 스윙 동작을 직접 눈으로 볼 수 없기 때문이다. 스윙이 조금씩 나빠져도 몸에서 느껴지는 감각으론 그것을 절대 캐치할 수 없다. 그러다 보면 공이 점점 안 맞고 그걸 다시 억지로 맞추려 하면 스윙은 더욱 더 이상해진다.

남의 잔소리 듣지 않고 홀가분하게 연습한다고 죽어라 혼자서만 하는 사람들이 있다. 혼자서 칼을 갈면 날이 서는 게 아니란다. 어느 날 톱이 되고, 당황하여 그 톱을 계속 갈면 송곳이 되고 만다고 했다. 당신이 타이거우즈보다 더 잘 친다면 계속 혼자 쳐도 무방하다. 다른 운동은 몰라도 골프는 처음부터 혼자서 할 수는 없다.

90. 거리는 딱 맞았는데

"내가 거리는 딱 맞게 날렸는데, 방향이 좀…"

 진단

이게 옆 그린에 볼을 보내 놓고 할 소리일까? '기장'(길이)은 맞았는데 '하바'(폭)가 틀렸다고 하는 말이 있다. 일본식 표현인데, 중급 골퍼들이 어느 정도 거리는 내지만 공이 엉뚱한 곳으로 날아가는 현상을 말하는 것이다. 골프에서 가장 중요한 방향 설정이 정확치 않은 탓이다.

 처방

방향성에 문제가 있는 상황이니 에임 점검, 그립점검, 볼 위치 점검 등이 필수다.
그럼 방향은 어떻게 잡아야 할까? 먼저 페어웨이 중앙으로 방향을 정했다면 왼쪽 어깨의 끝 방향이 목적지 방향과 일직선이 되도록 어드레스를 해야 한다. 처음에는 제대로 하는 것 같지만 정작 샷에 들어가면 엉뚱한 방향으로 서게 되는 경우가 많다. 당연히 공은 러프 같은 곳으로 날아가고 만다.

문제는 100야드 안쪽의 어프로치를 남겨놓았을 때이다. 대개의 아마추어들이 피칭아이언을 사용하는데, 너무 힘이 들어간 스윙을 하면 공은 핀 쪽이 아닌 다른 곳으로 간다. 웨지의 헤드를 보면 다른 아이언보다 상당히 크다. 핀 쪽에 꼭 붙여야 한다는 강박관념은 나도 모르게 손이나 어깨를 경직되게 한다. 이때 그립의 변형이 생기는 수가 있어 공은 스위트 스폿에 맞지 않고 안쪽이나 바깥쪽으로 맞아 좌우로 춤을 추며 날아간다.

방향만 잘 조정할 수 있으면 보기 플레이는 쉽게 정복할 수 있다. 골프는 거리에 앞서 방향이다! 페어웨이에서도 거리 욕심 내지 말고 다음 샷을 하기 좋은 방향으로 공을 안착 시키는 것이 우선이다.

91. 골프는 방향이야

"내가 방향 하나는 잘 맞춘단 말이야. 골프는 방향이야?!"

진단 골프에서 거리보다 방향이 중요하다는 것은 맞는 말이다. 그런데 번번이 짧다면 문제가 달라진다. 거리가 나지 않는 원인은 실로 수 천 가지가 되지만 너무 두껍게 때리거나, 뒤땅을 치거나, 힘이 부족한 경우가 가장 많다.

처방 한국 골퍼들은 "볼이 똑바로 간다."고 자랑하는 사람보다 "거리가 너무 나서 문제다."라고 하는 사람이 되고 싶어 한다. 그러나 거리가 짧은 '또박이'와 라운드 하면 옆 사람을 처음에는 같잖게 여기다가 결국 무너진다. 방향이 더 중요하다는 말씀!

하지만 문제는 매번 짧기만 해서야 어디 버디나 파 찬스를 얻겠는가 말이다. 그린 가까이 와서 다시 말해 30야드 이내에서, 어프로치가 짧아서 그린에 못 올리거나 올렸다 하더라도 핀까지의 거리가 수십 km가 되면 정말 김샌다.

제대로 거리를 못 내게 됐을 때 스스로 점검할 사항이 있다.

우선 상체와 손목에 힘이 너무 들어가 있지 않은지 살피자. 이것이 전제되지 않는다면 사실 뒤땅은 자명한 일이니 최대한 가볍게 힘을 풀고 골프클럽을 잡는 것이 중요하다. 아직도 골프가 힘으로 하는 스포츠로 알고 계시는 건 아니겠지?

손목에 힘을 빼는 것에 익숙해졌다면 자신의 아이언으로 연습해 본다. 거리와 상관없이 기본 클럽인 7번 아이언을 사용해 보라. 골프를 처음 만났을 때부터 연습해온 7번 아이언으로 다시 훈련한다는 것은 질리는 일이지만 이게 다 기본으로 돌아가기 위해서다. 7번 아이언은 다른 클럽에 비해 헤드가 작기 때문에 연습하는데 큰 도움이 된다.

또한 어드레스 상태에서 오른쪽 어깨가 너무 떨어지지 않도록 조심해야 한다. 오른쪽 어깨가 낮아지면 당연히 볼의 뒤를 칠 확률이 높아지고 거리가 줄어든다.

92. 스핀이 덜 먹었어

"이게 다 볼 때문이야. 쓰리피스 볼이 아니어서 스핀이 덜 먹었어!"

진단   당구 50치는 사람이 히끼(뒤로 끌기) 하려는 격이다. 아마추어가 볼 타령을 다 하다니! 그것도 스핀 타령이라니 정신 차리려면 멀었다. 분명히 말하지만 고수들은 어떤 볼이든 상관없이 백스핀을 줄 수 있다. 물론 쓰리피스 볼이 백스핀이 더 잘 걸리긴 하겠지만…

처방   프로들이라면 투피스 볼이든 쓰리피스 볼이든 백스핀을 줄 수 있다. 물론 프로가 다루는 공 중 쓰리피스 볼이 투피스 볼보다는 백스핀이 더 잘 걸리게 된다.

프로 선수들은 백스핀 덕에 핀 근처에 떨어진 볼이 그린 너머로 한없이 굴러가는 일이 없다. 심지어 핀을 지나친 볼이 뒷걸음질을 하면서 홀 근처로 오지 않던가. 아마추어들이 가장 부러워하는 대목이다.

어쨌든 백스핀은 다운스윙시 클럽의 리딩에지가 공을 먼저 가격하고 난 다음 지면을 찍고 나가는 것인데, 이게 아마추어들에게는 결코 쉽지 않은 기술인 것이다. 공이 조금 도와주긴 하겠지만 기술이 먼저여야 한다.

공을 먼저 가격한 다음이라도 잔디 뗏장이 안 떨어져 나가면 백스핀이 걸리지 않는다. 간혹 아마추어들이 이런 흉내를 내려고 공의 뒷부분을 세게 치는 경우가 있다. 공은 맞지 않고 지면에 클럽이 떨어지게 되면 애꿎은 잔디 뗏장만 떨어져 나가고 공은 제대로 날지 못한다. 이른바 심한 뒤땅샷이 되어 거리가 안 나거나 공만 붕 뜨는 스카이샷이 되고 만다.

여기서 스핀 기술을 설명하고 그것을 권하는 건 백돌이에게는 물론이고 70대 싱글일지라도 의미가 없다고 봐야 한다. 다시 말하지만 무지 어렵기 때문이다. 그린 근처에 와서는 더 이상 홈런볼을 치지 말자. 웨지를 잘 구사해 볼이 멀리 도망가지 않도록 붙잡는 연습을 하는 게 급선무다.

93. 쓰리피스 볼 탓이야

"이상하네~! 쓰리피스 볼로 바꾸고 나서 거리가 많이 짧아졌어."

진단 투피스 볼이 거리가 더 나가고, 쓰리피스 볼이 덜 나가는 건 맞는 얘기다. 그런데 당신이 거리를 내지 못하는 것이 왜 볼 때문이라고만 생각하나? 정확히 가격을 하지 못해 거리를 내지 못한 걸 두고 볼 탓을 하면 어느 세월에 실력이 늘어날까나…

처방 스윙 스피드가 70~80mph 미만인 골퍼들이 쓰리피스 볼을 쓰게 되면 원래 능력보다 거리상 손해를 보는 것이 맞다. 아마추어들은 컨트롤이 크게 필요 없고 또 할 수도 없기에 투피스 볼을 써서 능력을 최대한 높여주는 전략이 있어야겠다.

골프공에 대해서 가장 기초이면서 중요한 것을 알려드리겠다.

일반적인 투피스 볼과 쓰리피스 볼을 사용했을 때 비거리 차이가 얼마쯤 날까? 물론 제조사별로, 공 종류별로 다를 수 있지만 표준이라고 했을 때 다음의 수치를 보인다.

가령 타이틀리스트 공 두 가지, Pro V1과 DT Carry(or DT roll)를 예로 들어보자. 같은 사람이 동일한 드라이버로 쳤을 때 투피스가 5야드 이상은 더 나가는 것으로 나타났다. 거리 차이가 많을 경우 20야드까지 차이가 난다는 사람도 있었다.

좀 더 전문적인 설명을 하자면 V1은 Compression 100이고 DT는 90이 된다. 당연히 차이가 날 수밖에.

당신은 모르긴 해도 30야드 남은 거리에서 29야드나 31야드를 치는 사람이 아니고, 20야드나 40야드를 수시로 치는 사람일 것이다. 그렇다면 무조건 투피스 볼을 사용해야 한다. 백스핀은 먼 훗날을 기약하고, 당장은 TV에서 구경하는 것으로 만족하시라.

94. 스윙이 너무 빨라

"난 스윙이 너무 빨라. 남들보다 욕심이 많아서 그런가봐."

 진단 백스윙까지는 잘 되었다. 그런데 탑에서 채를 끌어내릴 때 공을 빨리 쳐야 한다는 강박감이 문제다. 너무 급하게 움직이다 보니, 상체만이 공을 향해 덤비는 듯한 폼이 나온다. 당신은 빠르다고 하지만, 사실은 급한 것이다. 욕심이 많아서가 아니라 경황이 없어서고...

 처방 대부분의 아마추어들은 백스윙 탑에서 다운스윙으로 이어지는 과정에서 몸의 왼쪽보다는 오른쪽 상체 부위를 너무 빨리 움직이는 경향이 있다. 특히 힘으로 공을 마구 때리려 할 때 자주 나타나는 현상이다. 오른쪽 어깨가 급하게 내려오면 공은 빗맞기 마련이다. 클럽이 아웃사이드 인으로 들어올 확률이 90퍼센트 이상이므로, 정타도 나오지 않고 공이 똑바로 날아가지도 못한다. 그립도 문제다. 한 손이 따로 놀게 돼 클럽페이스가 급격하게 닫히는 현상이 생겨 심한 훅이나 슬라이스를 일으킨다.

자, 다운스윙에서 상체 이동과 회전이 과도하게 빠른 현상을 방지하는 방법을 정리해 보자.

일단 다운스윙시 오른팔을 몸통에 붙이고, 다운 스윙을 한다는 생각을 버린다. '키가 크고 마른 체형의 골퍼들'은 오른손에 볼을 쥐고 볼은 던지기 위한 동작을 연상하고, '보통 체형의 골퍼들'은 커튼 줄을 잡아당기는 동작을 연상하고, 또 '상체 근육형 골퍼들'은 야구 배트로 홈런을 날리는 동작을 연상하며 스윙을 피니시한다. 이러한 연습을 통해 비로소 자신의 체형에 맞는 올바른 다운스윙 플레인과 다운스윙 궤도를 만들 수 있다.

그러나 원래 빠른 스윙이 좋은 것이라는 걸 잊지 말라.

백스윙과 다운스윙의 타이밍이 잘 맞고 리듬이 잡힌 스윙은 빠를수록 스피드가 좋아져서 거리가 많이 나간다. 마치 빠른 왈츠 곡처럼 보기에도 근사하다. 타이거 우즈, 벤 호겐, 톰 왓슨, 레니 웨킨스를 보자. 빠른 스윙을 하면서도 그 속에 리듬을 갖고 있다.

급한 것과 빠른 것은 다르다!

95. 스윙이 느려서 힘이 없어

"난 뒤에서 총알이 날아와도 빨리빨리가 안 돼. 스윙까지 느려 힘이 없는 것 같아."

진단   볼 앞에서 기도를 하는지 꿈쩍 않고 한참을 서 있는 사람들이 있다. 여러 차례 빈스윙을 하고나서 동반자들이 답답해서 미치기 1초 전에 겨우 굼벵이 스윙을 한다. 역시나 장고 끝에 악수 둔다고, 공은 나가지 않는다.

처방   성격이 느긋하거나 말이나 걸음걸이가 느린 사람은 출싹대지 않고 어쩐지 여유가 느껴진다. 그러나 골프에서는 좀 다르다. 느려터지게 움직이고 샷도 느리면 일단 동반자에게 방해가 되고, 힘도 실리지 않는다.

그러나 스윙이 느리더라도 걱정하지 마시라. 스윙 속에 부드러운 박자로 리듬을 주면 공이 멀리 부드럽게 날아 원하는 방향으로 간다. 이 리듬이 없으면 그야말로 스윙에서 절대 힘이 만들어지지 않는다.

평론가들은 샘 스니드 프레드 커플스, 어니엘스 같은 골퍼의 스윙을 농부에 비유한다. 닉 프라이스 등은 포커 선수에 비유한다. 이들의 스윙은 빠르지는 않지만 부드럽고 느긋한, 마치 춤추는 듯한 리듬을 갖고 있기에 파워가 실린다. 최근 일본의 미야자토 아이도 느린 스윙을 하지만, 거리도 많이 나고 방향이 정확해 좋은 스윙으로 평가받고 있다.

전설의 골퍼 바비 존스는 "골프에 느린 스윙은 없다."라고 하면서 '슬로우'를 예찬했다.

느리다고 크게 고민하지는 말지어다.

96. 기초가 없어서 고생이야

"에휴~, 연습장에 안 가고 머리를 올렸더니 기초가 없어서 평생 고생이야."

 운동이든 공부든 기초가 없으면 고생인 법! 기초를 잘 쌓으면 50년이 보장되는 운동이 골프다. 반면 기초가 없는 사람이라면 골프가 5분에 한 번씩 배신을 때리는 쓰디쓴 경험을 맛봐야 한다. 그러니 지금이라도 기초를 다시 세워야 한다. 이미 늦었다고? 그건 변명일 뿐이다.

 혼자서 배운 사람들 중에 클럽챔피언도 있다. 물론 아주 특별한 경우다. 그런데 그런 사람 이야기만 듣고 나홀로 연습과 실전을 해도 된다고 생각하면 안 된다. 일시적으로 어느 정도의 기량은 만들 수 있으나 한계가 있다. 뭐든 안 그러랴만, 기초를 더 단단히 익혀야 하는 운동이 골프다.

운동신경이 뛰어나다는 자만심으로, 혹은 소심해서 연습장에 안 가고 못 갔던 사람들은 지금이라도 자신의 골프를 체크하라.

지금이라도 남에게 봐달라고 하라. 나의 신체와 능력과 유연성에 맞는 프리스윙, 즉 백스윙을 하기 전 자세인 에임, 볼 위치, 볼과 몸의 간격, 척추와 목의 각도, 몸무게의 배분, 척추 기울기 spine tilt, 손의 위치, 그립, 발의 모양 등을 점검해 보라는 것이다. 골프스윙의 평생을 좌우하는 기초를 소홀히 해서는 더 이상 발전이 없다. 그러니 지금이라도 프리스윙을 점검하라. 스윙은 자동적으로 자신의 신체, 능력, 유연성에 맞춰 바뀌기 마련이다.

기본 중의 기본인 사항들을 체크해 보라.

- 프리스윙에서 몸을 풀면서 리듬감을 유지하고 있나?
- 백스윙이 너무 크지 않나?
- 반스윙을 살짝 넘기는 정도로 밸런스를 유지한 뒤 컴팩트한 스윙을 하는가?
- 백스윙보다 임팩트와 폴로스루에 집중하는가?
- 쇼트게임이든 드라이버든 '머리 고정'을 계속 염두에 두고 있는가?

97. 욕심이 과했어

"앞에서 뺑뺑따리니까 더 보내려고 힘을 주다가... 욕심이 과했어!"

진단 '도전 욕구'가 과하여 탈이 난 경우다. 200미터 날리는 골퍼는 210미터를 보내고 싶고, 250미터를 치는 엄청난 장타자는 250미터를 넘기고 싶어지는 게 골프다. 그러나 이쯤에서 골프의 본질을 다시 한 번 생각해 봐야 한다. 길게, 멀리 보내는 것이 골프의 전부가 아니라는 것!

처방 멀리 보내는 것이 골프라면, 골프 대신 '멀리 치기'라고 이름을 바꿔야 될 것이다. 그러나 골프는 적은 스트로크로 승부가 나는 게임이다. 존 델 리가 최경주를 앞설 수 있는가? 장타를 치는 미셸 위보다 거리는 짧지만 정확한 신지애의 성적이 훨씬 출중하다. 그러니 이제 더 이상 멀리 보내려 힘을 주는 무모한 행동은 그만 두자.

물론 정확하게 길게 치면 얼마나 좋을까만 그게 아주 힘든 일이다. 아마추어들 중 장타자라고 자랑하는 사람들의 속사정을 살펴보면 내심 겪는 고충이 많다.

비거리가 200야드 정도인 골퍼가 1도의 오차로 공을 쳤을 때 중앙에서 좌우로 벌어지는 거리는 40야드에 이른다. 보통 골프장의 폭이 80야드 가까이 되기에 밖으로 나가는 일은 희박하다. 그런데 비거리가 300야드라 할 경우, 1도의 오차가 비껴나가는 폭은 무려 80야드에 이른다. 이건 잘해야 러프, 잘못하면 한국 골프장에 어김없이 도사리고 있는 흰 말뚝 존(오비) 행이다. 단타자는(200야드가 단타도 아니지만) 러프에서 다음 샷을 할 기회를 얻지만, 장타자는 오비나 로스트볼이어서 다시 쳐야 하는 비극적 상황에 빠진다.

있는 힘껏 공을 쳐서 어쩌다 공을 길게 보냈다 하자. "오잘공!"이라는 짧은 칭찬이 전부다. 다음 순간 어프로치 등에서 실수를 해버리면 온몸을 던져 내갈긴 장타도 "책가방 크다고 공부 잘하냐?"라는 비아냥의 제물이 된다.

98. 공이 바나나를 먹었나 봐

"어제 바나나를 먹는 게 아니었어. 공이 갑자기 오른쪽으로 휘네."

진단 골프는 정말이지 청개구리 같다. 오른쪽으로 휜 도그레그홀에서는 그 잘 나던 슬라이스 대신에 훅이 나고, 왼쪽으로 휜 홀에서는 어김없이 슬라이스가 난다. 볼은 경기장 밖으로 홈런이 나거나 핀에서 엄청난 거리를 남겨두고 착지하고 만다.

처방 본인이 악성 슬라이스 구질을 갖고 있다면, 집을 팔아서라도 좋은 프로 만나 고쳐야겠지만 그날따라 생기는 슬라이스를 3초 만에 해결하는 비법이 있다.
　자, 머릿속에 잘 기억해 두고 연습장이나 코스에 나갔을 때 그대로 실행하라.

 클럽에 왼손을 가져다 그립을 할 때, 왼손 등이 조금 더 눈에 보이도록 즉, 왼손 등을 오른쪽 방향으로 조금만 돌리고 그대로 클럽 샤프트의 그립위에 데려가 클럽을 쥔다. 오른손 그립은 원래대로 쥔다.

 안하던 그립이니 불편할 수도 있다. 그러나 지금 슬라이스를 고치려 하는 것이다. 어색하지만 꾹 참고 이전에 잡았던 그립(손)은 잊어버리고 스윙은 종전 그대로 한다. 빵, 갈기시라! 공은 똑바로 나갈 것이다. 왼손 등을 1/4인치만 오른쪽으로 돌려서 그립을 해도 15야드 정도 왼쪽으로 가는 스핀이 생기는 원리이다.

 그게 정히 힘들면, 오늘은 오조준을 해가면서 치는 수밖에 없다. 한참 왼쪽을 보고 치는 식이다. 이렇게 하면서도 얼마든지 좋은 스코어를 낼 수 있다.

 그런데 슬라이스의 근본적 원인은 뭘까? 손목이 잔뜩 굳으면 볼은 어김없이 오른쪽으로 휘고 만다. 물론 훅이 나기도 한다. 손목이 굳어서 클럽 페이스의 로테이션 동작이 원활하게 이뤄지지 않으면 볼은 중앙으로 나가지 못하고 오른쪽으로 휘면서 힘을 잃는다.

 자, 앞 샷에서 슬라이스가 났다면 왜글로 손목을 부드럽게 해주라. 휴식 선물을 받은 손은 반드시 보답을 해준다.

99. 공이 심하게 꺾이네

"오늘 갑자기 왜 이러지? 공이 오른쪽으로 심하게 꺾이네!"

진단 갑자기 훅이 생기는 경우다. 아마추어에게 훅은 성인병과 비슷하다. 자신감이 붙고 어느 정도 공을 치게 되면 영락없이 나타나기 때문이다. 그러니 훅이 나오면 짜증을 내지 말자. 나도 이제 어떤 경지에 올랐다는 증거라 생각하고 적당히 반겨주자. 극복할 방법이 있으니까…

처방 프로의 훅샷은 아마추어의 훅샷과 사뭇 다르다. 프로의 훅샷은 볼이 목표의 오른쪽으로 출발해 왼쪽으로 휘어지며 볼의 마지막 지점이 목표의 왼쪽으로 떨어지는 샷이다.

아마추어들이 말하는 훅샷은 풀샷이다. 즉 슬라이스 스윙을 하면서 임팩트시 클럽 페이스만 목표 방향에 닿은 샷을 하는 것으로, 곧장 목표의 왼쪽으로 날아가거나 목표 방향으로 날아가다가 목표의 왼쪽으로 휘어가는 샷을 말한다.

아마추어가 훅이 났을 때, 긴급 봉합을 하는 간단한 방법이 있다. 어드레스시 왼발을 오른 발보다 공에 가깝게 내밀어 놓고 스윙하면 목표의 왼쪽으로 가는 모든 샷을 막을 수 있다. 이때 공과 몸의 간격을 너무 가깝지 않게 편안하게 맞추는 것을 잊지 말아야 한다.

사실 공을 멀리 치려 과욕을 부릴 때 훅이 나오므로, 장타의 헛된 욕심만 억눌러도 훅은 잡을 수 있다. 다시 말해 무식하게 힘을 쓸 때 고약하기 짝이 없는 악성 훅이 나온단 말이다.

팔로만 치려고 하지 말고 하체나 심지어 엉덩이로 볼을 친다고 생각하면 훅이 나오지 않는다. 오른쪽 어깨가 오픈되어 왼팔을 끌지 못하고 오른팔만 덮어 치는 샷을 하는 건 아닌지 살펴보자.

100. 내 드라이버는 거리가 안 나와

"내 드라이버는 로프트가 10도를 넘어. 그냥 붕 뜨기만 하지 거리가 안 나와!"

 프로들의 빵빵한 비거리가 7, 8도짜리 로프트의 드라이버에서 나오는 것으로 알고 있는 건 아니겠지. 또 로프트가 크고 샤프트 강도가 연한 드라이버를 쓴다고 남자의 자존심에 상처가 나는 것도 아니고, 경찰차 출동하지도 않는다.

 프로는 물론 아마 고수들의 드라이버 로프트는 상당히 낮다. 그러나 그것은 힘이 강한 골퍼에 한정되는 것이다. 누구나 그런 각의 드라이버를 구사할 수 없고 오히려 거리가 덜 나가게 된다. 만일 보기돌이나 백돌이가 7~8도 드라이버를 쓰면 공을 절대 높이 띄울 수 없고 멀리 날아가지도 않는다. 아마추어들이 로프트가 낮은 골프채를 고집하다간 큰 일 난다. 몸에 맞는 골프채가 최소 10야드를 보장해 준다는 것을 명심하자.

프로대회를 보러 간 갤러리들은 선수가 드라이브샷을 했을 때 공을 놓치기 쉽다. 평소 자신이 드라이브샷을 했을 때 공이 날아가는 정도의 높이에 눈을 맞추었으니 한참 위에서 나는 프로골퍼의 공이 보이지 않는 것이다. 공이 높이 떠야 멀리 날아간다는 증거 중 하나다. 공이 낮았더니 평소보다 훨씬 짧게 날아가는 경험도 많이 해보셨을 것이다.

간혹 백돌이들이 장비에 과신을 하는 나머지 유명 상표가 붙은 채를 쓰는데, 자신의 힘과 체형에 맞지 않는 경우가 많다. 무조건 샤프트 강도가 세고 로프트 각도도 낮아야 멀리 날아가는 것은 아니다.

자, 오히려 지금보다 로프트가 큰 드라이버로 바꿔 보시라. 공도 잘 뜨고, 생각보다 거리는 더 날 것이다. 힘들이지 않은 샷인데도 공은 높이 떠서 나가고 거리도 증가하는 효과를 본단 말이다.

로프트 큰 드라이버가 장타낸다, 아마추어에겐!

101. 아이언이 나빠서

"채가 안 좋아서 그런지, 아이언 5번이나 8번이나 거리가 똑 같아."

진단　엄격히 말해 이 세상에 나쁜 연장은 없다. 이 세상에서 제일 좋은 연장도 다루지 못하는 사람에게는 무용지물이며, 아무리 안 좋은 연장도 주인을 잘 만나면 능력을 발휘한다. 채가 나빠서 안 된다는 핑계는 골프 핑계 중 상위에 랭크될 정도로 애용된다.

처방　위에서 말한 아이언 5번과 8번은 등 번호만 다른 선수가 아니고, 키, 몸무게, 얼굴, 성격이 모두 다르다. 5번을 다루는 방법을 모르기에 8번과 같아진 것이다.
　어떤 거리에서 어떤 채를 사용해야 하는가는 골프법에 정해져 있지 않다. 14개를 가지고 본인이 알아서 운영을 하면 된다. 양용은의 골프클럽 구성을 눈여겨 보자. 필자가 보기에 양용은의 채는 프로치고는 '완전 변칙'이다. 왜냐? 아마추어도 팡팡 치는 5번 아이언을 이 메이저의 사나이는 쓰지 않는다. 아예 빼버리고 6번 이하의 아이언만 지니고 있고 다른 사람이 멀리 보낼 때 쓰는 롱아이언과 5번 우드 대신 하이브리드 클럽을 4개나 갖고 다닌다.

양용은은 나름대로 PGA투어에서의 긴 코스 적응법을 빨리 터득한 것이다. 그린에 공을 세우기 힘들었기에 부드럽게 쳐도 많이 나가는 롱아이언과 공이 딱 서는 하이브리드 클럽을 쓰는 것이다.

아마추어가 양용은처럼 하이브리드를 써서 거리와 방향을 잘 만들어 낼 수는 없다. 그러나 양용은에게서 꼭 배워야 할 것이 있다. 우드와 아이언의 장점을 혼합한 하이브리드는 무게 중심이 낮아 공을 쉽게 띄울 수 있으니, 아이언을 잡지 못해 자존심에 금이 가니 마니 이런 생각은 절대 하지 말라는 것이다.

4, 5번 같은 로우 아이언이나 7, 8번 같은 미들 아이언의 거리가 똑같이 난다는 골퍼들의 문제는 여러 가지가 있지만 일차적으로 빠른 헤드 스피드를 내지 못하기 때문이다.

다른 사람하고 똑 같은 채를 써야 된다는 생각은 금물!

102. 샤프트 강도가 맞지 않아

"이거 제일 좋은 채인데, 샤프트 강도가 나한테는 맞지 않나 봐."

진단 아직까지도 '잘 알려진 브랜드'의 '남들이 잘 치는 채'를 지니고 있으니 문제는 문제다. 음식점에 가서 먹는 최악의 음식은 '아무거나'와 '가장 비싼 것'이다. 내 몸에 좋은 음식과 나쁜 음식이 따로 있듯 클럽도 내게 맞는 것이 있으니 스스로 찾아야 한다.

처방 이 기회에 클럽 샤프트에 대한 공부하자.
간단히 정리하면 강한 힘을 내는 사람이 강도가 약한 샤프트를 쓰면 훅, 파워가 약한 사람이 강한 샤프트를 쓰면 무조건 슬라이스가 난다고 알면 된다. 요즘 웬만한 골프숍에서는 헤드 스피드를 측정할 수 있으니 내 몸에 맞는 사양의 클럽을 구할 수 있다.

일반적으로 볼을 강하게 치기 위해서는 샤프트가 적당하게 휘어져야 한다. 자신의 실력에 비해 지나치게 딱딱하거나 너무 무르면 최고의 헤드스피드를 얻을 수 없다. 따라서 자신에게 적합한 샤프트를 선택하고자 한다면 우선 '휘는 정도'를 고려해야 한다.

전문가적 설명이다. 클럽이 휘는 경도는 그립 끝으로부터 12인치 부분에 받침점을 두고, 샤프트의 앞 끝에 2.7kg의 중량을 걸었을 때 몇 인치가 휘는지 측정하는 것이다. 이 때 가장 많이 구부러지는 부분을 '킥포인트'라고 한다. 킥포인트가 샤프트 쪽에 치우치면 샤프트가 부드럽고, 헤드 쪽에 치우치면 샤프트가 단단하다.

쉽게 말해 드라이버 비거리가 200야드 정도거나 그 이하인 골퍼는 키, 몸무게, 외모, 재산 정도에 관계없이 샤프트 경도 R(레귤러)을 쓰면 된다.

샤프트의 강도는 다음과 같이 표시한다.

- X(엑스트라)   가장 단단하다. 프로나 아마추어 고수용
- S(스티프)   약간 단단하다. 강타자용
- R(레귤러)   표준. 일반적인 남성용
- A(애버리지)   약간 연하다. 시니어나 여성 강타자용
- L(레이디스)   부드럽다. 일반적인 여성과 주니어용

103. 실수로 뒤땅을 쳤어

"퍼트를 하기엔 그린이 너무 멀고, 잔디는 거의 없는 맨땅이고... 그래서 뒤땅을 친 거야."

 모든 골프장이 PGA대회가 열리는 코스 같을 수는 없다. 그린 근처에 풀이 거의 없는 맨질맨질한 땅이 많다. 퍼팅은 힘배합이 힘들어 거리가 길거나 짧게 나고, 칩샷은 볼의 옆구리를 치기 쉽다. 진퇴양난! 그러나 실수하지 않고 여기서 벗어날 방법은 있다.

 그린 주위에서 칩샷은 생크나 토핑 위험이 있어서 성공률을 50%밖에 보지 않는다. 퍼트는 길거나 짧을 염려가 있지만 대형 실수는 생기지 않는다. 그래서 "잘한 칩샷보다는 잘못한 퍼팅이 낫다."는 말이 있다.

　잔디가 거의 없는 맨땅인 경우는 칩샷보다 퍼팅을 선택하는 것이 백번 낫다. 퍼터 그립의 강도를 평상시보다 훨씬 가볍게 잡아주면 퍼터 헤드의 무게가 많이 느껴져 롱 퍼트의 거리에 충분히 도달할 수 있다. 때리는 스트로크보다 밀어주는 스트로크 형태가 좋다.

　공의 라이, 반 이상이 잔디 속에 있는 경우와 짧게 깎인 그린 주변에 있는 경우는 퍼팅이 분명히 달라야 한다. 그린처럼 그냥 구르지 않고 잔디 저항이 있으니 감안해야 하는 것이다. 이때 조심할 것은, 홀까지의 거리를 계산할 때 그린 밖에 있는 부분의 거리를 한 번 더 가산해 주어야 한다는 것이다. 즉 홀컵으로부터 그린의 경계 지점까지의 거리가 9m이고, 그린 밖의 볼까지 거리가 1m로 총 10미터라면 실제 퍼팅할 거리는 9m + 1m + 1m = 11m 정도로 계산하면 되는 것이다.

104. 백스윙이 커서 문제야

"내 백 스윙이 크긴 큰가 봐. 줄이려고 하는데 잘 안 되네."

진단 어쩐지 백스윙이 클수록 왠지 공을 멀리 보낼 수 있을 것만 같은 느낌이 든다. 무의식 중에 존 댈리를 흉내내는 걸까? 아마추어 골퍼들의 백스윙 오류 중 상당 부분은 오버스윙 탓이다. 그러나 오버스윙이 무조건 나쁜 것만은 아니다.

처방 오버스윙보다 더 나쁜 것은 무엇일까? 아마추어들은 머리를 고정하려는 욕심에 어깨와 엉덩이는 그대로 있고, 양팔만 스윙이 커지는, 이른바 '닭 날개 스윙'을 한다. 채는 뒤로 많이 갔지만 힘이 실리지 않아 거리는 나지 않고 방향마저 나쁘다.

백스윙이 커져버리는 것을 고치는 연습법이 있다. 하체를 단단하게 고정한 상태에서 왼쪽 어깨가 턱 밑을 지나 오른쪽 무릎 위까지 충분히 들어올 정도로 회전하는 연습을 반복한다. 이런 식의 백스윙을 할 때는 오른쪽 무릎이 절대 꺾여서는 안 된다. 그러면 군더더기 백스윙이 만들어지지 않는다.

김미현의 오버 백스윙은 유명한데, 그녀는 장기간 연습이 충분히 된 상태이므로 넘어가는 채가 뒤쪽 땅까지 충분히 넘어오게 된다. 아마추어가 이렇게 하면 타이밍과 템포를 도무지 맞추지 못한다.

일반적으로 좋은 템포의 스윙은 강물이 흐르듯 유연함과 자연스러움에서 나오는데, 과도한 백스윙은 홍수로 강이 넘쳐 둑이 넘어지는 상황이 되는 것이다.

다시 말하지만 백스윙이 커져서 스윙아크를 키운다 해도 그것을 제어하지 못하니까 스윙을 하는 시간이 길어지고 힘의 소모가 많아서 흔들려 버리는 것이다.

골프 백스윙은 얼마나 길게 해야 할까?

답은 간단하다.

'적당히'다.

105. 백스윙이 너무 작아

"백스윙이 작아서 키우려고 했더니, 왠일인지 몸이 요동을 치는 것 같아."

 물론 어느 정도 뒤로 들었다가 내리쳐야지 힘이 붙는다. 그 자리에서 치켜들지도 않고 때리면 맞는 쪽에 아무런 힘이 가해지지 않는다. 어깨를 제대로 돌리지 못하고 팔만 크게 올리려고 하니 몸이 균형을 잃을 수밖에 없다.

 백스윙에 관한한 간결한 것이 좋다. 문제는 '어떻게 간결하냐'이다. 흔히 듣는 이론대로 '9시 방향'에서 스윙의 톱이 만들어지면 환상이다. 어찌 보면 하프스윙 정도만 하는 것 같다. 백스윙을 짧고 간결하게 올려 균형감과 임팩트에 충실하면 군더더기 없는 '콤팩트 스윙'이 나오는 것이다.

그러나 임팩트에 집중한 나머지 채를 미처 뒤로 돌리지 못하고 내리는 경우가 있는데, 어김없이 단타가 나오거나 심하게 좌우로 가는 티샷 실수가 생긴다.

자신의 덩치와 힘을 믿고 숫제 백스윙을 별로 하지 않는 사람이 있는데, 그것을 '콤팩트 스윙'이라고 할 수는 없다. 그리고 결코 거리도 나지 않는다.

위대한 골퍼 잭 니클라우스가 그의 저서 'In Golf My Way'에서 백스윙에 대해 이런 말을 남겼다.

"어깨는 돌리되 작게 만들라!"

이어서 너무 작으면 좋은 리듬감과 템포를 이용하는 것에 악영향을 끼칠 수도 있음을 강조했다. 샷을 할 때, 채가 지면과 수평이 이루어질 정도는 되어야 한다. 그 이하의 백스윙은 절대 거리를 만들지 못한다. 팔이 길고 덩치가 좋은 사람의 경우, 채의 헤드가 1~3시 정도의 방향을 향하고 있다면 결코 짧은 것이 아니다.

106. 난 프로 체질인가 봐

"나는 프로 체질인가 봐. 걸어가면서 치면 잘 맞는데, 카트를 타면 게임이 잘 안 풀려."

 진단 걸어가며 하는 골프와 차를 타면서 하는 골프의 차이가 큰 사람들이 있다. 설마 자신이 프로 체질이라고 진짜 믿는 것은 아니겠지? 이는 각자의 컨디션이나 계절, 체력 차이에서 오는 현상이라고 보는 것이 정확하다.

 처방 프로 게임에서는 항상 캐디가 가방을 들고 가고, 선수는 걸어가면서 게임을 한다. 반면 아마추어들의 게임은 걷고 싶으면 걷고 골프카를 타고 싶으면 골프카를 타고 라운드를 한다. 이렇게 자기의 취향에 맞게 골프를 하다 보면, 어떤 이는 골프카를 타고 하면 잘 치다가도 걸어가면서 치면 잘못 치는 경향이 있다. 이는 체력 차이에 기인한다.

대체로 하체가 강한 골퍼들을 잘 살펴보면 걸어가면서 하는 라운드에서 좋은 결과를 낸다. 골프카를 타고 라운드를 할 때 아무래도 몸이 풀리는 속도가 느리기 때문에 평상시 3홀이면 몸이 풀리는 것이 9홀을 돌고서야 풀리기 시작한다. 경기가 끝날 무렵에야 자기 실력이 나올 때가 있는 것이다.

반대로 체력이 떨어질 경우, 골프카를 타고 라운드 하면 온종일 자기의 좋은 컨디션을 유지 하면서 최고의 샷을 할 수가 있다.

계절별로도 차이가 난다.

봄과 겨울, 체력이 붙어나갈 때엔 걸어가면서 치면 잘 맞는다. 그런데 여름과 가을, 체력이 떨어질 때에는 걸어가는 것보다 골프카를 타고 가면서 게임해야 잘 맞는다. 체력에 맞춰, 계절에 맞춰, 상황에 맞춰 적절하게 선택하는 것이 현명한 방법이다.

107. 이게 다 폼 때문이야

"문제는 폼이야! 내가 실력 발휘를 못 하는 건 다 폼 때문이라고!"

골프에서도 폼생폼사를 주장하는 사람들이 있다. 물론 맞는 말이다. 폼은 기록을 낳고, 기록은 폼에서 나오니까. 그런데 8자 스윙을 하는 짐 퓨릭이 US오픈에서 우승했다는 것은 어떻게 설명해야 할까? 지금 당신은 스윙에 여러 가지 문제를 갖고 있다. 거기다 폼까지 엉성한 것!

골프에서 정통 스윙의 방법은 정해져 있다. 거기에 따르면 지구상 모든 골퍼의 폼은 서로 비슷해야 한다. 그런데 골프 폼은 그야말로 백인백색이다. 왜 이 같은 현상이 생기는 걸까?

첫째, 사람들은 상·하체의 균형이 제각각 다른데도 공을 똑바로, 멀리 보내려는 욕심에 잘못된 폼을 만든다. 골프 스윙에 대한 개념이 전혀 없는 초보의 경우, 안 좋은 스윙 폼이 그대로 굳어질 수도 있다.

스윙의 기본자세는 자신의 에너지를 100% 발휘할 수 있어야 한다. 기본자세가 나오지 않는 나쁜 스윙은 보기에도 안 좋을 뿐 아니라, 미래가 안 보이는 스윙이라 단정할 수밖에 없다. 이렇게 나쁜 자세에서 만들어진 공은 똑바로 나간다 해도 비거리를 손해보고, 계속 같은 스윙을 유지할 수 없어 결국 정확도가 떨어지게 된다.

악순환이다!

대표적인 스윙 폼 하나를 설명해 주겠다. 왼팔을 곧게 펴서 스윙아크를 크게 해줌으로써 스윙 속도를 높여준다. 기마자세로 엉덩이를 뒤로 빼는 오리궁둥이의 자세는 체중 이동을 더욱 원활하게 하체의 힘을 모아주는 것이다.

골프스윙에서 기본자세는 반드시 갖추고 자신에게 맞는 스윙 방법을 찾아야 한다.

물론 스윙 폼이 골프의 전부는 아니다.

한 49%쯤은 되지 않을까?

108. 이 정도면 잘하는 거 아냐?

"아직 필드에 10번도 못 나왔어. 140개 정도 치면 잘하는 거 아냐?"

 진단 남을 지나치게 의식하는 것은 안 좋다. '같이 시작했는데 왜 나만 뒤질까?'란 생각으로 사업이고 가정이고 다 때려치우고 골프만 치려고 해서도 안 되지만, '이 정도면 잘하는 것'이라고 대충대충 해서도 실력이 늘지 않는다. 너무 예민하게 굴지도, 너무 둔감하게 굴지도 말란 이야기다.

 처방 세상 일 중 안 그런 게 있을까만, 골프는 남다른 노력을 하는 사람에게 어떠한 형태로도 보상을 준다. 필드에 10여 차례 나간 사람이면, 농담이 아니라 싱글을 칠 수도 있는 경험을 한 셈이다. 그런데, 매 홀을 거의 더블파로 쳤다는 건 문제가 있다.

연습이 절대적으로 부족한 경우이거나 누군가의 강권에 의해 채를 잡긴 했지만 곧 그만 둘 사람으로밖에 보이지 않는다.

처음 골프를 배울 때, 기본 스윙 기술에 충실해야 한다. 누가 곁에 딱 붙어서 아무리 좋은 스윙 테크닉을 가르쳐줘도 내 몸에 이입이 되는 것은 한계가 있다. 이를 극복하기 위해선 부단한 개인 연습이 따라야 한다. 달리 방법이 없다.

프로의 레슨을 받을 수 없는 형편이라면 코스나 연습장에서 선배들이 귀찮아 할 정도로 물어야 한다. 집에 와서는 또 책으로 공부해라. 최혜영 프로의 교습서 〈거꾸로 하는 골프〉를 추천한다. 이 책은 상황별로 설명을 하는데, 말 그대로 기존 골프 강좌와는 조금 다르다. 지금 하는 방법이 잘 안 되거든 이 방식을 따라보라는 것!

골프를 잘 치고 싶다면, 100 이내로 빨리 들어오고 싶다면, 해병대 극기훈련 못잖은 가혹한 연습도 필요하다. 이른바 비기너가 연습도 잘하지 않으면서 자기 점수에 만족하는 건 이상하다. 골프를 오래 할 사람은 절대 아닌 것이다.

골프가 그대를 속일지라도

골프가 그대를 속일지라도
슬퍼하거나 노여워하지 말라.
백돌이라고 무시하는 설움의 날,
참고 연습하고 또 연습하면
싱글의 날 반드시 찾아오리니.